돈 잘버는
꽃집 만들기
100문 100답

돈 잘버는
꽃집 만들기
100문 100답

허북구 · 장홍기 · 박윤점 지음

중앙경제평론사

중앙경제평론사
중 앙 생 활 사

Joongang Economy Publishing Co./Joongang Life Publishing Co.

중앙경제평론사는 앞서가는 오늘, 보다 나은 내일이라는 신념 아래 설립된 경제 · 경영 전문 출판사로서 성공을 꿈꾸는 직장인, 경영인에게 전문지식과 자기계발의 지혜를 주는 책을 발간하고 있습니다.

돈 잘버는 꽃집 만들기 100문 100답

초판 1쇄 인쇄 | 2005년 10월 18일
초판 1쇄 발행 | 2005년 10월 21일

지은이 | 허북구 · 장홍기 · 박윤점(Bukgu Heo · Honggi Jang · Yunjum Park)
펴낸이 | 최점옥(Jeomog Choi)
펴낸곳 | 중앙경제평론사(Joongang Economy Publishing Co.)

대　표 | 김용주
편　집 | 한옥수 · 최진호
디자인 | 박근영 · 유문형
마케팅 | 임교택
인터넷 | 김회승

잘못된 책은 바꾸어 드립니다.
가격은 표지 뒷면에 있습니다.

ISBN 89-88486-82-X(04320)
ISBN 89-88486-53-6(세트)

등록 | 1991년 4월 10일 제2-1153호 주소 | ⑨100-430 서울시 중구 흥인동 3-4 우일타운 707 · 708호
전화 | (02)2253-4463(代) 팩스 | (02)2253-7988
홈페이지 | www.japub.co.kr 이메일 | japub@unitel.co.kr | japub21@empal.com
♣ 중앙경제평론사는 중앙생활사와 자매회사입니다.

Copyright ⓒ 2005 by 허북구 · 장홍기 · 박윤점
이 책은 중앙경제평론사가 저작권자와의 계약에 따라 발행한 것이므로 본사의 서면 허락 없이는
어떠한 형태나 수단으로도 이 책의 내용을 이용하지 못합니다.

▶ 홈페이지에서 구입하시면 많은 혜택이 있습니다.

중앙
북샵　www.**japub**.co.kr
전화주문 : 02) 2253 - 4463

※ 이 도서의 국립중앙도서관 출판시도서목록(CIP)은 e-CIP 홈페이지(www.nl.go.kr/cip.php)에서 이용
하실 수 있습니다.(CIP제어번호: CIP2005001816)

꽃에 대한 소비자들의 관심이 높아지면서 판매방법과 상품이 다양해지고 있습니다. 꽃집의 숫자도 급격하게 증가해 꽃집 간의 경쟁이 가열되고 있습니다. 게다가 규모화된 꽃집들이 등장하고 다른 업종의 기업이 화훼유통에 참여함에 따라 경쟁력 없는 꽃집은 점점 설 자리를 잃어가고 있는 추세입니다.

이러한 환경 변화는 꽃집 경영주에게 꽃집 간의 관계 설정을 통한 조직화, 새로운 플라워디자인의 도입 및 상품 개발, 생산성 향상, 고객을 지향하는 판촉활동 강화, 경영의 혁신 등 많은 과제를 안기고 있습니다.

이제 꽃집 업계는 수동적인 경영에서 벗어나 능동적으로 경영상태를 점검하고 발전 방안을 모색하여 실천해야 합니다. 어떻게 하면 현재보다 더 발전할 수 있는지에 대해 생각하고, 예상되는 환경 변화 속에서도 생존하고 발전할 수 있는 길은 무엇인지 진지하게 분석한 다음 그 분석 내용을 기초로 하여 대응책을 세워야 할 것입니다.

이러한 배경에서 꽃집 경영주 스스로가 매출 향상을 위해 경영상태 진단 및 발전 전략을 세우고 실행하는 데 도움을 주고자 이 책을 출간하게 되었습니다.

이 책은 꽃집의 발전 방안과 대응책이 다양하고, 꽃집 환경이나 경영주에 따라서 다르다는 점을 감안하여 많은 꽃집 경영주들에게 꽃집 경영에 꼭 필요한 것, 꼭 필요한 것인데도 실천하지 못한 것 등을 질문한 다음 꽃집에 공통적으로 적용될 수 있는 것, 비교적 중요도가 높은 것 100가지를 선별하여 문답식으로 정리되었습니다.

따라서 이 책에는 꽃집 경영주들이 한번쯤은 생각했던 것들, 생각만 하고 실천하지 못한 것들이 상당히 많아 생소하지 않으면서도 마음만 먹으면 지금 당장 실행할 수 있고, 실행에 옮기면 매출 증가로 이어질 수 있는 내용들이 가득 담겨 있습니다.

이 책이 꽃집 경영주들에게 새로운 힘을 주고 지혜롭게 미래를 준비하게 하는 길잡이로서의 역할을 충실히 해주리라 기대합니다. 또한 늘 곁에 두고 경영 전반을 진단하고 발전 방안을 모색하며 나태해지려는 스스로를 채찍질하는 자료로 활용될 수 있기를 바랍니다.

아무쪼록 꽃집의 매출 향상을 위해 노력하는 경영주들에게 많은 도움이 되기를 바라며 비약적인 발전과 성공을 기원합니다.

차 례 ● contents

책을 펴내며   5

1장 ▶ 프로 마인드를 가져라

1. 목표와 신념이 있는가   15

2. 천직이라고 생각하는가   17

3. 경영이나 마케팅에 관한 책이 한 권이라도 있는가   19

4. 플라워디자인보다 판매력에 비중을 두는가   21

5. 계획경영을 하고 있는가   24

6. 계수 개념을 가지고 장부 정리를 하는가   26

7. 원가를 철저히 의식하면서 장사를 하는가   28

8. 적극적인 경영으로 매출을 올리고 있는가   30

9. 상호를 널리 알리기 위해 힘쓰고 있는가   31

10. 프로 근성을 가지고 있는가   34

2장 장사가 잘되는 집은 뭔가 다르다

11. 상호와 간판에 독창성과 신뢰성이 있는가 39

12. 생동감이 있고 들어가 보고 싶은 꽃집인가 41

13. 꽃집이 눈에 잘 띄며 이미지가 뚜렷한가 43

14. 입간판이나 움직이는 광고물이 있는가 45

15. 디스플레이는 자주 바꾸고 있는가 46

16. 정리정돈과 청소가 구석구석 잘 되어 있는가 48

17. 비즈니스 양식과 CI를 활용하고 있는가 50

18. 점포를 정기적으로 점검하고 개장을 하는가 52

19. 가게 안에는 부착물을 활용하고 있는가 54

20. 경쟁 꽃집보다 오래 영업하고 개·폐점시간을 지키는가 56

21. 젊고 싱그럽고 화려한 여성 고객이 자주 오는가 58

22. 좋은 상품을 값싸게 구매하고 있는가 59

23. 신선도를 잘 유지하며 신선한 절화를 판매하고 있는가 62

24. 입지에 맞는 상품 구성을 하고 있는가 65

25. 고객 지향의 상품을 갖추고 있는가 67

26. 미끼상품을 활용하고 있는가 69

27. 화제가 되고 있는 상품과 신상품을 갖추고 있는가 71

28. 꽃집을 어필할 대표적인 상품을 갖추고 있는가 73

29. 팔고 싶은 상품과 팔리는 상품을 적절하게 조합하고 있는가 76

30. 상품에 대한 지식이나 사용법을 알려 주고 있는가 79

3장 작은 일에 충실할 때 성공이 보인다

31. 상품이름과 가격은 표시하고 있는가 83

32. 리본과 메시지 카드의 글씨는 양호한가 85

33. 밝고 큰 목소리로 손님을 맞으며 미소를 짓는가 87

34. 깨끗한 옷차림과 정중한 언어를 사용하고 있는가 89

35. 전화를 명확하고 친절하게 받는가 91

36. 고객이 없는 시간대에도 바쁘게 일하고 있는가 93

37. 작업시간을 효율적으로 분산시키고 있는가 94

38. 꽃 외의 상품비율을 높이고 있는가 96

39. 수시로 상품을 점검하고 있는가 98

40. 품목과 용도별 이익관리를 하고 있는가 100

41. 캐주얼플라워와 포멀플라워를 차별화하고 있는가 103

42. 재고의 활용과 관리를 철저히 하는가 106

43. 꽃집 전체를 입체적으로 활용하고 있는가 109

44. 매출일계표를 작성하고 있는가 111

45. 한번 이용한 고객을 기억하고 세심하게 관리하는가 113

46. 고객을 분류하여 각각의 특성에 맞게 대응하는가 115

47. 고객이 기다리는 시간을 최소화하고 있는가 117

48. 고정고객 명단을 항상 가지고 다니는가 119

49. 고객관리 시스템을 갖추고 있는가 121

50. 정기적으로 고객들에게 감사 표시를 하는가 122

4장 효과적인 마케팅과 판매 전략을 세워라

51. 주문접수증을 갖추고 있으며 이를 마케팅에 활용하고 있는가　125

52. 방문객에게 명함이나 홍보물을 건네주고 있는가　128

53. 꽃배달을 최대한 홍보 기회로 활용하는가　130

54. 차량을 홍보에 이용하고 있는가　132

55. 독창적인 판촉활동을 지속적으로 하고 있는가　133

56. 판촉활동 스케줄을 작성하여 실천에 옮기고 있는가　135

57. 기념일 등 특별한 날에 판촉활동을 꼭 하는가　137

58. 영업대상 리스트를 항상 가지고 다니는가　139

59. 경영주의 이력을 판촉에 활용하고 있는가　141

60. 수요처와 고객을 적극적으로 개발하고 있는가　143

61. 가게 밖에 상품을 적극적으로 진열하고 있는가　144

62. 기술력을 고객들에게 시각적으로 표현하고 있는가　146

63. 홍보물과 홈페이지를 잘 활용하고 있는가　148

64. 제안판매를 활성화하고 있는가　150

65. 예약판매율을 높이고 있는가　152

66. 외판이나 통신판매비율을 높이고 있는가　154

67. 부가가치가 높은 상품을 취급하고 있는가　156

68. 고정고객이 점점 증가하고 있는가　159

69. 판매방식별 판매비율을 파악하고 있는가　160

70. 연간, 월간 및 기념일별 판매목표가 있는가　163

5장 합리적인 점포 경영과 관리가 필요하다

71. 상품에 대한 디자인 능력과 지식이 충분한가 167

72. 잘되는 꽃집과 친하게 지내며 노하우를 얻고 있는가 170

73. 자신의 꽃집과 경쟁 꽃집을 수시로 비교하고 있는가 172

74. 경쟁 꽃집에 비해 상품을 저렴하게 구입하고 있는가 174

75. 다른 업종에서 마케팅을 보고 배워 응용하고 있는가 176

76. 전문화 및 차별화를 시도하고 있는가 178

77. 탄력적인 가격정책을 펴고 있는가 181

78. 순이익의 10% 이상을 상품개발비로 투자하는가 185

79. 꽃 가격을 차별화하고 기술료를 받고 있는가 187

80. 수시로 매출 증감 원인을 파악하고 대응하는가 190

81. 손익분기점 매출액을 파악하고 있는가 193

82. 꽃집의 규모에 맞는 투자를 하고 있는가 195

83. 외상과 미수금 비율은 낮은가 197

84. 통신주문과 통신배달 시스템을 잘 활용하고 있는가 200

85. 꽃 통신배달 단체 등에 가입되어 있는가 202

86. 통신배달의 발주량이 수주량보다 많은가 205

87. 위탁체계를 효율적으로 활용하고 있는가 207

88. 인터넷 쇼핑몰을 제대로 운영하고 있는가 210

89. 꽃집을 방문한 고객이 웃으면서 나가는가 213

90. 직원들을 가족처럼 생각하고 있는가 215

6장 처음의 마음으로 미래를 준비하라

91. 경쟁 꽃집에 뒤지지 않겠다는 각오가 있는가   219

92. 자나 깨나 꽃집의 발전을 생각하고 행동하는가   221

93. 이론 무장을 위해 노력하고 있는가   222

94. 전문 잡지나 서적을 읽고 있는가   224

95. 지역사회 활동에 열심인가   226

96. 다른 사람들로부터 평판이 좋은가   228

97. 본업에 최대한 열중하고 있는가   230

98. 적어도 5년 앞을 내다보고 있는가   232

99. 알고 있는 것을 실천에 옮기고 있는가   234

100. 처음과 같은 마음으로 하고 있는가   236

꽃 지식과 꽃집 경영에 도움이 되는 글 자료   238

1장

프로 마인드를 가져라

1.
목표와 신념이 있는가

　　세상의 많은 업종 가운데 왜 꽃집을 선택하여 경영하고 있습니까? 직업과 취미생활을 연계시키기 위해서인가요. 또는 꽃에 둘러싸인 깨끗하고 편안한 분위기가 좋아서인가요. 아니면 사업으로서 전망이 좋아 돈을 벌 수 있을 것 같아서인가요. 이유야 어떻든 꽃집을 경영해 보니 어떤가요? '역시 잘 선택하였구나' 할 정도로 만족스러운가요. 아니면 그만두고 다른 것을 하고 싶은가요.

　　취미생활을 목적으로 하는 분이나 꽃집에 목숨 걸지 않고 현재 상태에 만족하는 분에게는 달리 드릴 말씀이 없습니다. 그렇지만 돈을 벌려고 시작했는데 벌지 못하고 있는 분이나 더욱더 많이 벌고 싶은 분은 지금부터 매출 증대에 관련된 것들을 하나하나 점검해 보십시오.

　　그럼 첫 번째 진단사항입니다. 먼저 현재 돈을 벌겠다는 확고한 신념과 목표의식을 갖고 열심히 노력하고 있는가를 생각해 보십시오. 이 기회에 목표를 명확히 하고 넘어갔으면 합니다.

　　사람은 목적이 있어야 의욕에 불타서 노력하게 됩니다. 만약 목적이 없다면 일에 대한 능률도 오르지 않고 큰 발전을 기대하기도 어렵습니다.

꽃집 경영도 마찬가지라고 생각합니다. 목표가 있을 때 정열과 힘이 솟고, 피곤을 모르고 집중을 하게 되며 더 적극적으로 일하게 될 것입니다. 또한 목표가 있기 때문에 자신을 갖고 계획적으로 일을 추진할 수 있게 됩니다.

캐서린 폰더는 저서 《부의 법칙》에서 "꿈의 실현을 스스로에게 명령하고 다짐하면 불가능할 것 같은 것도 거짓말처럼 이루어진다"라고 하였습니다.

뚜렷한 목표를 세우고 '반드시 이룰 수 있다'는 확고한 신념을 가져보세요. 목표는 매출액을 어느 정도까지 올릴 것이며, 경영 규모를 어느 선까지 확대할 것이지 구체적으로 정하는 게 좋습니다.

무엇보다 어떠한 어려움이 있더라도 달성하고야 말겠다는 마음가짐이 목표를 달성하는 원동력임을 기억하기 바랍니다.

Key Point
- 꽃집의 성장과 발전은 뚜렷한 목표와 굳은 신념에서부터 시작된다.

2. 천직이라고 생각하는가

 현재 '꽃집'이라는 일을 선택해서 경영하고 있는 것은 여러 업종 중에서 꽃집이 자신의 조건과 잘 맞았기 때문일 것입니다. 다시 말해서 가장 이상적인 최선의 선택이라고까지는 말할 수 없지만, 다른 것보다는 꽃집이 자신에게 적합했기 때문이라고 표현할 수 있겠지요.

꽃집 경영은 결혼 생활에 비유할 수 있습니다. 예를 들어 처녀, 총각이 많은 선을 본 끝에 마음에 드는 사람을 만나 결혼을 했다고 가정해 봅시다.

두 사람은 서로가 완전한 이상형을 만났다고 생각할 수 있습니다. 아니면 어느 한쪽만 이상형이라 생각하든가, 또는 서로가 이상형은 아니지만 지금까지 선 본 사람 중에서 가장 낫다는 생각 끝에 결혼을 했을 겁니다.

이 가운데 지금까지 선 본 사람 중에서 가장 낫다는 생각으로 결혼한 경우는 비록 상대방이 완전한 이상형은 아닐지라도 일단 결혼을 했으므로 '천생연분'이라는 생각을 갖고, 서로를 더욱더 사랑하고 위하면서 행복한 가정을 이루는 것' 말고는 다른 선택의 여지가 없을 것입니다. 만약 결혼을 하고 나서도 상대방을 사랑하지 않고 이상형만 찾으려 한다면 결혼 생활이 결코 평탄할 수 없겠지요.

꽃집 경영도 이와 같습니다. 많은 업종 중에서 그래도 꽃집을 해야겠다고 선택했으면 천직이라는 생각을 가지고 열심히 하는 것이 가장 좋은 방법입니다. 그러나 여전히 다른 업종에 대해 미련을 갖고 현실에 충실하지 않는다면 꽃집 경영이 온전히 될 수 없습니다.

경영이나 마케팅에 관한 책이
한 권이라도 있는가

 꽃집에서 당신은 어떤 일을 하나요? 디자이너, 판매원, 배달원, 사무원, 청소원, 사장 중 어디에 해당됩니까? 대부분의 꽃집에서는 이 모든 역할을 한두 사람이 맡아 하고 있습니다.

음식점에 비유하자면 요리도 하고, 웨이터도 하고, 배달과 청소도 하면서 사장 역할까지 하는 것입니다. 한마디로 꽃집에서 근무하려면 슈퍼맨이나 슈퍼우먼이 되어야만 하는 게 현실입니다.

다른 업종에서는 상상하기 힘든 일입니다. 그럼에도 불구하고 정작 꽃집에서 근무하는 사람들은 당연하다는 듯이 이 모든 것을 성실히 해내고 있습니다.

꽃집 실정을 모르는 사람들은 이와 같이 모든 것을 잘 처리하는 꽃집 경영주들을 대단하게 생각할지도 모릅니다. 그러나 따지고 보면 이는 꽃집의 규모가 작기 때문입니다. 규모만 크다면 꽃집도 다른 업종처럼 일을 분업할 수 있습니다.

결국 규모를 늘리는 것이 중요한데 그러기 위해서는 지금 당장은 체력 소모를 최소화하면서도 효율적인 운영을 할 필요가 있습니다. 그러자면 매출 증대와 수익성을 추구하는 것이 다른 무엇보다 우선되어야 합니다.

바쁜 와중에도 어떻게 경영해야 매출과 수익성을 증대시킬 수 있을까를 최우선적으로 연구해야 합니다. 여기에는 경영이나 마케팅에 대한 이론을 열심히 공부해서 현실 상황에 적용해 보는 자세도 요구됩니다.

따라서 현재 경영이나 마케팅에 관한 서적이 한 권도 없다면 꽃집을 몇 년을 해왔고, 얼마만큼의 성과를 거두고 있다고 해도 경영자로서 갖추어야 할 최소한의 마음자세가 되어 있지 않다고 볼 수 있습니다.

4.
플라워디자인보다
판매력에 비중을 두는가

 "꽃집 일이 재미있습니까? 아니면 하루하루가 지겹습니까?"

이런 질문을 하면 적성에 맞아서 즐겁게 일을 하고 있다는 대답을 하는 사람들이 상당히 많습니다.

여기서 '적성이 맞는다' 는 말은 거의가 플라워디자인을 염두에 두고 하는 것 같습니다. 날마다 같은 꽃을 팔고, 같은 꽃으로 꽃바구니와 꽃다발과 화환 등을 만들어도 늘 새로운 모양이 되므로 재미가 있다는 것입니다. 또 플라워디자인을 배우면 배울수록 창조성을 발휘할 수 있어 매력이 있다고 합니다.

하지만 냉정히 생각해 보면 꽃집을 운영하는 것은 플라워디자인을 하면서 창조성을 발휘하는 재미를 느끼기 위해서가 아닙니다. 돈을 벌기 위해서 하는 것입니다. 말하자면 플라워디자인은 수익성 추구라는 목적을 성취하기 위한 하나의 방법에 불과한 것입니다.

그런데도 경영보다는 플라워디자인에 더 큰 비중을 두고 있는 실정입니다. 관련 단체에서 연수회나 데먼스트레이션 및 세미나 등을 자주 개최하고 있는데 그 내용을 보면 플라워디자인에 관한 것이 주류를 이루고 있으며, 매장 개발이라든가 판매촉진 활동, 진열 기술, 고객 개발과 관리 등 마케팅에 관한 내용은 적습니다.

그 이유는 이제껏 꽃집의 세계에서는 일정 수준의 디자인 기술만 있으면 다른 업계에 비해 경영이나 마케팅에 대한 연구 없이도 순조롭게 경영을 할 수 있었기 때문입니다.

그러나 세상이 변하고 있습니다. 꽃집도 예외일 수 없습니다. 꽃집을 찾는 고객의 수준이 향상되었고, 꽃 수요가 다양해지고 있으며, 꽃집 간의 경쟁이 날로 심해지고 있습니다. 이러한 상황에서 살아남을 수 있는 요인은 플라워디자인이 아니라 판매력입니다.

현재 플라워디자인을 공부하고 있는 사람은 많아도 영업이나 마케팅 능력이 뛰어난 사람은 많지 않습니다. 그래서 능력 있는 디자이너를 채용하기는 쉽지만 판매력이 있는 사람을 채용하기란 쉽지 않습니다.

현실적으로 플라워디자인보다는 판매력에 비중을 두는 것이 당연합니다. 또 그래야만 살아남을 수 있습니다.

"플라워디자인에 대한 기술도 없이 어떻게 판매력을 높일 수 있습니까?"

이렇게 반문하시는 분도 있을 것입니다. 실제로 저는 어느 강의에서 '옛날과는 달리 상품이 다양해지고 소비자들의 수준도 높아졌는데 플라워디자인에 신경을 안 쓰면 어떻게 장사를 할 수 있겠느냐'는 질문을 받았습니다.

물론 맞는 말입니다. 예전에 꽃집에서는 경조화환, 관엽식물, 난 등과 같이 행사나 업무용 꽃이 주로 팔렸습니다. 이것들은 단가가 높으면서도 특별한 기술이 필요 없는 상품이기 때문에 플라워디자인에 대한 기술을 쌓기보다는 영업만 열심히 해도 되었습니다.

그런데 오늘날에는 꽃다발이나 꽃바구니를 비롯해 이벤트 행사장식 등 플라워디자인의 필요성이 증대되어 가고 있기 때문에 디자인은 매우 중요하게 다뤄지고 있습니다.

하지만 그 디자인도 고객의 취향에 맞고 고객이 생각하고 있는 가격에 합당해야만 좋은 거래가 이루어지는 것입니다. 무조건 수준 높은 디자인을 추구하기보다는 판매를 전제로 한 상품 전략이 있어야 합니다.

간단히 말해서 판매가 전제되지 않는 디자인은 소용이 없으므로 디자인도 상품 전략의 한 부분으로 생각해야 한다는 것입니다. 그런 의미에서 디자인보다 판매력에 비중을 두라고 하는 것입니다.

Key Point

- 꽃집에서 플라워디자인은 수익성 측면에서 다뤄져야 한다.
- 꽃집에서는 수익성 추구가 주목적이므로 작품보다는 상품을 만들어야 한다.

5. 계획경영을 하고 있는가

꽃집들을 볼 때마다 '이 꽃집의 경영주는 어떤 생각으로 꽃집을 개업했으며 목표가 무엇일까' 하는 궁금증이 생깁니다. 그래서 꽃집을 방문하게 되면 종종 어떤 목표를 가지고 있으며 발전계획은 어떻게 세우고 있는지에 대해서 질문을 하곤 합니다.

그런데 의외로 그날그날 주먹구구식으로 장사를 하고 있는 꽃집이 많아서 실망스러웠던 적이 한두 번이 아닙니다. 꽃집도 엄연한 사업이고, 계획 없이는 장사도 할 수 없는 것(No plan, No business)이 현실이기 때문입니다.

지금 꽃집을 경영하면서 이렇다할 뚜렷한 계획이 없다면 꼭 단기, 중기, 장기 발전계획을 세운 다음 그 계획을 달성하기 위한 경영방침을 세워 보세요.

수익성 분석은 기본이고, 올해의 매출은 작년에 비해 몇 퍼센트 증가시킬 것이며 매장을 어떤 규모로 키우고 어디에 옮길 것인지 등 여러 가지 계획이 있을 것입니다. 이것을 기본계획이라 하는데 여기에는 적어도 판매계획, 상품계획, 이익계획, 경비계획, 직원계획, 판촉계획 등이 포함되어야 합니다.

기본계획을 결정한 다음에는 더 세밀하고 구체적인 계획을 세워야 합니다.

예를 들어 당해의 매출목표를 3억 원으로 정했다면 1월부터 12월까지의 월별 할당 계획을 세워야 합니다. 그것도 주먹구구식으로 세우는 게 아니라 지난 3년 동안의 월별, 계절별 실적을 근거로 산출하여 할당할 필요가 있습니다.

그런 다음 매달 계획에 따라 실행하고, 실적은 반드시 그 계획과 대조하여 검토하시기 바랍니다.

Key Point

- 수익성 분석은 판매액 이익률, 자본 이익률, 자본 회전율 측면에서 분석한다.
- 판매액 이익률 = 판매 이익÷판매액×100
- 자본 이익률 = 판매 이익÷자본금×100
- 자본 회전율 = 판매액÷자본금×100

6.
계수 개념을 가지고
장부 정리를 하는가

저는 가끔 꽃집 경영주들로부터 경영 진단을 의뢰받는 경우가 있습니다. 그럴 때면 제일 먼저 매출장부를 보여 달라고 요구합니다.

왜냐하면 매출장부를 보아야 어떤 품목을 얼마만큼 팔았는지, 통신 판매와 매장판매 비율이 어떠한지, 요일별 그리고 기념일의 매출은 얼마인지, 고객별로 꽃 구입액과 구입 빈도는 어느 정도인지를 알 수 있고 그래야만 무엇이 잘못되었고 무엇이 잘되고 있는지를 파악할 수 있기 때문입니다.

그런데 유감스럽게도 이러한 것을 파악할 수 있도록 장부에 세세하게 기록하는 꽃집이 매우 드물었습니다. 장부가 있어도 기껏해야 상품 구입액과 매일의 매출집계 및 외상을 기록한 장부가 대부분이었습니다.

이 정도의 자료로는 경영 진단이나 조언을 해주는 것이 어렵습니다. 장부 정리가 제대로 되어 있지 않으면 어느 부분에서 돈을 벌고, 어느 부분에서 필요 없는 지출을 했는지 등을 알 수 없을 뿐더러 변화를 모색하기 어려워 발전 방안을 찾기 힘듭니다.

이처럼 꽃집 경영주 중에는 매출장부의 중요성을 인식하지 못하고 장부 정리를 등한시하는 분들이 참 많습니다. 심지어 어떤 꽃집 경영주는 "굳이 그렇게 하지 않아도 장사만 잘됩니다"라고 말하기도 합니다. 하지만 그것은 잘못된 생각입니다.

모든 경영혁명은 숫자에 기초하여 시작됩니다. 어떤 사업이든 과학적으로 계획을 세우고 미래를 위해 꾸준히 준비하는 데서 바람직한 성과를 거둘 수 있습니다.

지금부터라도 꽃집이 크든 작든 간에 계수 관리를 해야 합니다. 요즘은 이와 관련된 PC용 프로그램이 많이 있으므로 이러한 것을 활용하면 한결 실행하기 쉽습니다.

모든 것을 꼼꼼하게 기록해 놓으면 경영상태를 한눈에 바로 알 수 있고, 그 자료의 분석은 발전 방향을 찾기 위한 수단이 된다는 사실을 유념하기 바랍니다.

7.
원가를 철저히 의식하면서
장사를 하는가

꽃집에서 원가 개념은 매우 중요한 것 중의 하나입니다. 보통 원가라고 하면 상품의 구입원가를 첫째로 생각하기 쉽습니다. 대부분의 소매점은 완성품을 들여놓고 파는 일만 하므로 구입원가에 몇 퍼센트의 마진을 남기면 된다는 공식이 성립되기 때문에 그렇습니다.

그러나 꽃은 그러한 공식이 성립되기 어렵습니다. 대부분의 꽃은 꽃집에서 꽃다발이나 꽃바구니 등으로 다시 상품화되기 때문입니다. 즉 구입가격 외에 포장지나 리본 등의 부재료비와 디자인비가 원가에 포함되는 것입니다. 게다가 부재료의 종류와 기술 수준, 제작시간에 따라 차이가 있어 원가를 일정하게 정하기가 어렵습니다.

화환처럼 판매가격은 정해져 있는데 꽃값의 변동이 커서 마진율을 일정 수준으로 맞추려면 꽃의 양을 조절해야 하는 경우(원가에 대한 마진율의 조절이 아니라 일정 수준의 마진율 확보를 위해 원가를 조절해야 하는 경우)도 종종 발생합니다.

따라서 적정한 마진율을 확보하기 위해서는 경영주뿐만 아니라 직원 모두가 철저하게 원가 개념을 갖고 판매를 해야 합니다. 영업에 드는 비용을 빠뜨려서도 안 됩니다. 상품을 싸게 구입했어도 영업비가 많이 들어서는 소기의 이익을 얻을 수 없고 때에 따라서는 적자 운영이 되는 것입니다.

꽃의 원가를 산정할 때는 구입가격뿐만 아니라 상품 제작에 사용되는 재료비와 기술료 등도 적절하게 반영하여야 합니다. 아울러 영업을 할 때도 꽃이 가지는 상품적 특수성을 정확히 인식하고 그에 맞는 비용을 투자해야 합니다.

- 상품을 제작할 때는 항상 원가를 생각한다.
- 상품의 원가를 생각할 때는 재료비 외의 기술료, 영업비, 감가상각비 등도 포함시킨다.

적극적인 경영으로
매출을 올리고 있는가

 꽃집 경영주들을 보면 대체로 두 가지 타입으로 나눌 수 있습니다. 하나는 적극적으로 매상을 올리는 것을 가장 중요시여기는 타입이고, 다른 하나는 소극적이더라도 경비를 줄이고 재고를 감소시키면서 매상을 낮추어서라도 손해를 보지 않으려는 타입입니다.

각 타입 모두 장단점이 있지만 개인적으로는 적극적인 경영을 하는 타입을 더 권장합니다. 매상을 낮추어도 좋다는 소극적 전략과 사고방식을 가지면 매상이 떨어질 뿐만 아니라 이익까지도 저하됩니다.

이에 반하여 고객 지향적으로 어떻게든 매상을 올리려는 적극적 전략을 택하면 그 꽃집에 손님이 몰려들기 마련입니다. 물론 경비는 더 들게 되지만 그 이상으로 매상이 올라가 이익도 더 크게 되는 경우가 많습니다.

경제 불황이라고는 하지만 어딘가에 수요와 가능성은 존재하고 있으며, 그 수요는 고객을 지향하는 적극적인 꽃집의 몫입니다. 무기력하고 소극적인 자세에서 벗어나 적극적인 경영으로 목표로 하는 매출을 달성하는 성과를 거두기 바랍니다.

상호를 널리 알리기 위해 힘쓰고 있는가

자신의 꽃집 상호가 지역사회에 얼마나 알려져 있는지 생각해 본 적이 있습니까? 상호를 가능한 한 널리 알려야 좋습니다. 상호가 많이 알려져 있더라도 더욱더 알려지도록 노력하십시오. 그래야만 인지도가 높아져 신용과 연결되기 때문입니다.

소비자들이 상호를 안다는 것은 곧 상호를 신뢰한다는 뜻이고, 신뢰는 곧 매출로 연결되는 것입니다. 소비자들은 꼼꼼하게 따져 본 후 상품을 구입하며, 대부분 거래처가 있을 것이라고 생각하기 쉽습니다.

그렇지만 의외로 단순한 경우가 많아 단지 이름이 친숙하다는 이유만으로 전화를 걸어 꽃을 구매하는 예도 많습니다. 실제로 소비자들에게 "많은 꽃집 중에서 왜 이 가게에서 꽃을 사십니까"라고 물어봤더니 "이름이 친숙해서요" 또는 "광고를 통해서 알았어요"라고 대답하는 사람이 많았습니다.

이처럼 중요한 상호 인지도를 높이려면 꽃집의 디스플레이를 통해 고객에게 인상 깊게 어필하거나 각종 매체를 통해 홍보와 광고를 반복하면 됩니다.

이런 방법을 모르는 분은 거의 없을 것입니다. 문제가 있다면 자금의 여유가 없다는 것이겠지요. 그러나 계획적으로 상호 인지도를 높이겠다는 의식만 있다면 많은 비용을 들이지 않고도 상호 인지도를 높일 수 있습니다. 그렇게 해서 상호 인지도를 높여 놓으면 고객들의 무의식 속에 상호가 자리 잡게 됩니다.

사람들의 구매 결정은 무의식적으로 이루어지는 경우가 많습니다. 이름을 들어보았기 때문에 사는 것은 전혀 이상한 일이 아닙니다. 누구든지 같은 품목이라면 한번이라도 이름을 들어본 회사의 제품에 자연히 손이 가게 됩니다. 더욱이 친한 사람이 장사를 하고 있으면 그곳에서 물건을 살 것입니다.

따라서 자신의 꽃집 상호 인지도가 어느 정도인지 다시 점검해 보고, 되도록이면 상호를 널리 그리고 자주 알려 소비자들에게 친근감을 주십시오. 소비자들이 친근감을 느끼게 된다면 이른바 소비자들의 마음을 정복한 상태라고 할 수 있습니다. 이런 상태에 이르면 매출은 빠르게 늘어날 것입니다.

한편 상호 인지도가 높은 꽃집에서는 상호를 보호할 수 있는 법적 장치를 마련해 두어야 합니다. 그렇지 않으면 피나는 노력으로 인지도를 높여 둔 상호를 다른 사람들이 사용해도 막을 방법이 없습니다.

다른 사람이 같은 상호를 사용하게 되면 그 사람은 별다른 노력 없이도 인지도 덕분에 매출 확대를 꾀할 수 있습니다. 다행히 그러한 꽃집이 다른 지역에 있으면 큰 지장이 없겠지만 동일 상권에 있다면 타격을 크게 받습니다.

또 동일한 상호를 사용하는 꽃집이 등장했을 경우 그 가게의 상품이나 접객 서비스가 우수하다면 문제가 덜 심각하지만, 수준 이하라서 고객들에게 불만을 산다면 가게의 위치나 경영주가 누구인가에 상관없이 상호에 대한 불신감이 증폭되어 자기 꽃집의 매출 감소로 이어질 수 있습니다. 그러므로 상호를 보호받을 수 있는 법적 장치를 꼭 마련해 놓는 게 좋습니다.

10.
프로 근성을 가지고 있는가

대부분의 장사가 그렇지만 꽃집을 하다 보면 상대하기 힘든 고객을 만날 때가 종종 있습니다.

새파랗게 젊은 사람이 버르장머리 없이 구는 경우도 있고, 꽃에 대해 잘 알지도 못하면서 자신의 기준에 의해 상품을 마음대로 평가해 기분을 상하게 하는 경우도 있습니다.

또 행사 현장에서 꽃 장식을 하다 보면 청소하는 분들로부터 눈총을 받는 경우가 허다하며, 배달을 하다 보면 출입을 통제하는 곳도 많고, 주차 문제 등으로 소소한 신경전을 벌이기도 하며, 심하게는 무시를 당하는 경우도 있습니다.

사실 꽃집의 일은 꽃을 그때그때의 상황에 맞게 연출해야 하는 특수성 때문에 부단히 자기를 수양하고 기술을 습득해야 합니다. 그렇기 때문에 꽃집 경영주들은 대부분 나름대로의 창조력과 자부심을 갖고 있습니다. 그러나 현장에서 부딪치는 이러한 문제들은 경영주들을 자꾸 소극적으로 만들고 있기도 합니다.

꽃집 경영주 중에는 꽃을 사러 온 고객이 자존심을 건드렸을 경우 상품을 꼭 팔려는 생각보다는 당신 같은 사람에게는 팔지 않겠다는 생각부터 하는 분도 있습니다. 아무리 바빠도 체면 때문에 접객이나 배달, 청소 등을 도외시하는 분도 있습니다. 기껏해야 디자인 정도만 하고 나머지는 나 몰라라 하는 분도 있습니다. 직원들보다 늦게 출근하고 빨리 퇴근하는 분도 있습니다. 디자인 관계니, 영업이니 하는 핑계로 가게를 자주 비우는 분도 있습니다.

만약 이러한 부류에 속한다면 프로 근성이 부족한 경영주라고 볼 수 있습니다. 고객을 왕으로 생각하며 어떠한 모욕도 참으면서 철저한 고객 서비스를 하고 부지런히 몸을 움직여 무엇인가를 솔선수범하는 프로 근성이 필요합니다.

2장
장사가 잘되는 집은 뭔가
다르다

11.
상호와 간판에
독창성과 신뢰성이 있는가

상호는 홍보 전략에서 가장 중요한 요소입니다. 상호에 따라서 가게의 이미지나 광고 효과 및 고객이 느끼는 감정이 다릅니다.

조사에 의하면 소비자들은 'ㅇㅇ꽃집, ㅇㅇ꽃방, ㅇㅇ화원'으로 된 상호에 대해 친근감을 느낀다고 합니다. 그리고 'ㅇㅇ유통, ㅇㅇ꽃백화점, ㅇㅇ농원'은 규모가 크고 상품가격이 저렴할 것 같은 이미지를 가지고 있으며, 영어로 된 상호는 전문적이고 고급 상품을 판매할 것이라는 이미지를 가지고 있는 것으로 나타났습니다.

상호는 꽃집의 성격을 반영하고 고객에게 친근감을 주며, 시대감각과 독창성이 있는 동시에 무엇보다도 고객에게 신뢰감을 줄 수 있어야 합니다. 또 꽃집의 전화번호를 상호로 사용하는 등 무엇인가 색다르고 호감이 가며 기억에도 오래 남을 수 있는 상호를 사용하면 고객들에게 어필하기에 좋고, 꽃배달 주문과도 연계될 수 있습니다.

그런데 현재 꽃집을 경영하고 있는 분들은 이미 정해진 상호가 있고, 그 상호가 고객들에게 많이 알려져 있기 때문에 상호를 바꾸기는 상당히 어려울 것입니다. 그래도 장기적으로 큰 목표가 있다면 꽃집의 규모가 더 커지기 전에 상호 변경을 신중히 검토해 볼 필요가 있습니다. 그럴 경우 상호를 숫자로 하는 것도 괜찮은 아이디어라고 봅니다.

상호 인지도 향상에 깊이 관계된 것이 간판입니다. 간판은 간단하고 명확하게 제 기능을 발휘하는 것이 좋으며, 주고객층에 맞고 독창성이 있으며 친근감이 가도록 제작되었을 때 신뢰를 얻게 됩니다.

눈에 띄지 않거나 의미가 불분명한 간판은 돈만 아깝습니다. 간판이 글씨체와 색채 및 패턴은 적당한지, 고객들에게 전하고자 하는 메시지를 제대로 표현하고 있는지 등을 잘 살펴봐야 합니다.

간판에는 비용을 아끼지 말고, 잘 보이게 해서 고객을 유인할 수 있는 수단이 되도록 활용하기 바랍니다.

Key Point

- 전화 주문이 많다면 전화번호를 상호로 하는 등 고객 위주로 상호를 정한다.
- 간판을 가게의 이미지 업(image up)과 함께 고객을 유인하는 하나의 수단으로 활용한다.

12.
생동감이 있고
들어가 보고 싶은 꽃집인가

베테랑 영업사원들은 첫눈에 물건을 살 사람과 사지 않을 사람을 구별할 수 있다고 말합니다. 꽃집을 하는 분들도 "이 꽃집은 장사가 잘될 것 같다", "저 꽃집은 별 볼일이 없는 곳 같다" 하고 직감적으로 느낀 적이 많을 것입니다. 그리고 나중에 그 직감이 맞았다는 것을 확인한 경험도 있을 겁니다.

무엇을 기준으로 그런 느낌을 가지게 되었을까요? 아마 대부분은 가게의 생동감일 것입니다. 환하며 생동감이 있고 직원들이 분주히 움직이는 모습을 볼 때 그 가게는 장사가 잘될 것 같은 생각이 듭니다. 반면에 분위기가 침침하고 직원이 움직이는 것을 별로 볼 수 없는 가게를 보면 장사가 잘될 것 같은 느낌이 들지 않을 겁니다.

이것을 사람에 비유해 보면 안 되는 가게는 입을 꽉 다물고 불만스런 표정을 하고 있어, 누가 말을 건네기도 어려운 타입의 사람과 같습니다. 이렇게 붙임성이 없는 사람은 친구도 적습니다. 이와 반대로 잘되는 가게는 항상 "말을 걸어 주십시오"라는 느낌이 들도록 싱글벙글하며 기분 좋은 표정의 사람과 같습니다. 당연히 친구도 많고 사람들

사이에서 인기도 좋은 타입입니다.

이른바 '잘나가는 꽃집'이 되려면 생동감이 있어야 합니다. 가게 입구부터 고객이 즐거움과 만족감을 느낄 수 있는 장면을 연출해 놓은 다음 문을 활짝 열어 놓고 분주히 움직여야 합니다.

손님도 없는데 어떻게 바쁘게 움직일 수 있냐고요? 하지만 가게가 한번 죽기 시작하면 그때부터는 사정없이 내리막길을 걷게 됩니다. 반대로 한번 잘되기 시작하면 가속도가 붙게 됩니다.

쉬운 예로 가게에 손님이 없을 때는 계속해서 없다가 한 사람이라도 들어오면 줄줄이 따라 들어와 금방 바빠진 경험들이 많을 것입니다. 그러므로 손님이 없다고 해서 가만히 앉아 기다리기보다는 문을 활짝 열어 놓고 무언가 열심히 하기를 바랍니다.

이를테면 병든 잎을 제거한다든지, 화분을 닦는다든지, 리본을 접는 등 분주히 움직이고 있으면 가게는 생기가 넘쳐나고 고객들의 호기심도 자극하게 되어 가게는 살아납니다. 어느 가게에서나 분위기는 늘 매상에 직결됩니다.

문을 열어 놓은 것이나 가게 안에서 움직이는 것은 돈 드는 일이 아니니까 꼭 실천을 해 보았으면 합니다. 특히 졸업식이나 어버이날 같은 기념일 등 꽃 판매량이 많을 때는 가족이나 파트타임 사원을 채용해서라도 활기찬 매장을 연출하면 매출은 크게 늘어날 것입니다.

13.
꽃집이 눈에 잘 띄며
이미지가 뚜렷한가

지금 꽃집 외관을 한번 살펴보십시오. 사람들의 눈에 잘 띄며 꽃집답습니까?

만약 외관이 허름하다면 포인트를 주어 눈에 잘 띄도록 개선할 필요가 있습니다. 그렇지 않으면 그 앞을 몇 번이나 지나가도 꽃집이 있는지 모르고 그냥 스쳐 지나가게 됩니다.

그렇다고 해서 외장(外裝)을 너무 호화롭게 꾸미라는 것은 아닙니다. 너무 많은 자본을 투입하면 경영적인 면이나 매출 측면에서도 마이너스가 되는 수가 많습니다.

최근 외장을 카페나 의상실처럼 고급스럽게 꾸며 놓은 꽃집이 등장하고 있는데, 이런 경우는 지역이나 취급하는 상품에 따라 다소 차이는 있지만 사람들로부터 친근감을 얻거나 디자인 작업의 효율을 높이는 데에 다소 문제가 있습니다.

간판에서부터 외장까지 모호하게 꾸며 놓은 경우는 꽃집인지 카페인지 고객들에게 혼동을 줄 수 있습니다. 이런 곳에다 화환 같은 것을 주문해야 될지도 망설여지게 됩니다.

입장을 바꾸어 경영주가 소비자라면 화환을 주문하고자 할 때 외관이 카페처럼 보이는 꽃집과 외관에 조화(造花)로 축하화환을 꽂아 진열해 놓은 꽃집 중에서 어느 꽃집으로 들어가겠습니까?

아마 대부분은 화환을 진열해 놓고 있는 꽃집으로 들어갈 것입니다. 실제로 대로변에 위치해 있는 꽃집 앞에 조화로 축하화환을 꽂아 진열해 놓았더니 화환 주문이 증가한 경우도 있었습니다.

따라서 누가 보더라도 꽃집이라는 것을 알 수 있도록 어필 포인트(appeal point)에 시선이 집중되도록 꾸미는 것이 중요합니다. 판매를 전제하지 않고 분위기 있는 것만 추구한다면 꽃집보다는 다른 분위기 있는 장사가 더 어울릴 것입니다.

Key Point

- 고객 입장에서 헷갈리지 않도록 꽃집다운 꽃집으로 꾸민다.
- 판매와 생산성을 전제로 하여 눈에 잘 띄고 구매욕을 자극하는 꽃집으로 꾸민다.

14.
입간판이나
움직이는 광고물이 있는가

'꽃'이라고 쓴 입간판이나 움직이는 광고물을 가게 밖에 설치한 꽃집들을 종종 볼 수 있습니다. 이런 꽃집들은 많은 돈을 들이지 않고도 그 광고물의 효과를 톡톡히 보고 있으리라 생각합니다.

입간판이나 움직이는 광고물은 평간판에 비해 주의를 많이 끌고, 통행량이 많은 곳에서는 행인들의 발걸음을 멈추게 하여 유인하는 효과도 있기 때문입니다. 또 입간판은 상품이 직접 보이지 않더라도 특정한 테마를 연상케 하여 고객들이 가게를 쉽게 기억할 수 있도록 합니다.

만약 사람들의 통행량이 많은 거리나 차량의 통행이 많은 대로변에 위치한 꽃집인데도 입간판이나 움직이는 광고물이 없다면 이 기회에 하나 마련해 보라고 권하고 싶습니다.

"돈도 들고 설치할 곳도 마땅치 않으며, 우리 동네는 단속 대상이 되는데…" 하는 제약 요인이 있을 수 있습니다. 그렇지만 이러한 문제를 극복하고 입간판이나 움직이는 광고물을 설치하면 충분한 효과를 얻을 수 있습니다.

15.
디스플레이는 자주 바꾸고 있는가

요즈음 꽃집 디스플레이에 대한 인식을 새롭게 하고 있는 경영주가 늘고 있습니다. 그렇지만 '제발 디스플레이를 좀 개선했으면…' 하는 생각이 드는 꽃집이 아직도 너무 많습니다.

심한 경우에는 밖에서야 어떻게 비치던 상관 않고 성의 없이 상품을 진열해 놓은 꽃집, 꽃과 집기류들이 섞여 창고처럼 쌓여 있고 일년 내내 변화 한번 주지 않는 꽃집 등 도저히 꽃집이라고 할 수 없는 곳도 쉽게 찾아 볼 수 있습니다.

지금 당신의 꽃집은 어떻습니까? 물론 그 정도는 아니겠지요. 그러면 기념일은 별도로 치고 적어도 한 달에 한 번씩은 디스플레이에 변화를 주고 있습니까? 그렇지 않다면 꽃집이 무성의하다는 것을 많은 통행인들에게 내보이고 있는 것이나 다름없습니다.

꽃집 앞을 지나가는 대부분의 사람들은 매일 그곳을 지나다니는 사람들이라는 것을 명심하십시오. 사람들은 늘 같은 진열을 해놓은 꽃집에 대해 관심이나 흥미를 갖지 않습니다.

끊임없이 새롭게 해야만 고객의 관심을 끌 수 있고 생동감이 있게 되는 것입니다. 계절이 지난 상품은 빨리 치우고 고객이 관심을 극도로 조장해 줄 수 있는 상품 진열과 변화로 판매를 촉진해야 합니다.

그리고 진열장의 조명은 풍부하고 밝게 해야 합니다. 어두운 진열장은 차라리 없는 것이 낫습니다. 꽃집을 다니다 보면 형광등 한 개만 추가로 달아도 매상이 하루 5만 원 이상은 더 오를 것으로 예상되는 곳을 많이 봅니다.

그런 꽃집에서 형광등 한 개 값에 인색하거나 무심하다면 그만큼 자기 가게에 대해 무책임한 것이라고 말할 수 있습니다.

16.
정리정돈과 청소가
구석구석 잘 되어 있는가

격언 중에 "작지만 청결한 것은 큰 것이요, 크지만 불결한 것은 작은 것이다"라는 말이 있습니다. '청결'은 잠재적이고 저렴하며 효과가 큰 마케팅 수법입니다. 그런데도 이를 대단치 않게 생각하는 꽃집 경영주가 많습니다.

수거해 온 화환이 가게 옆에서 썩어가고 있는 꽃집, 죽은 식물이나 깨진 화분을 가게 앞에 방치해 둔 꽃집, 주변에 잡초가 무성히 자라고 있는 꽃집 등 예쁘고 화려한 꽃의 이미지와는 전혀 어울리지 않게 지저분한 꽃집들이 있습니다.

꽃집 내부 역시 정리정돈이 되어 있지 않고 포장지나 바구니, 심지어는 애들 장난감이나 생화용품까지 혼란스러울 정도로 여기저기 굴러다니도록 방치해 둔 꽃집도 있습니다.

한마디로 말해서 "꽃을 살려면 사고 사지 않으려면 나가라"는 자세를 취하고 있는 것입니다. 물론 꽃집의 특성상 쓰레기가 많이 나오기 때문에 가끔은 꽃집이 정리되지 않을 때도 있습니다.

경영주가 고의적으로 가게를 불결하게 관리하지는 않겠지요. 그래도 고객들은 이러한 꽃집을 기피합니다. 고객들은 매장이 지저분하면 일단 신뢰하지 않게 됩니다.

반대로 정리정돈이 잘 되어 있고 청결하다면 고객들은 상품에 대해서도 신뢰감을 갖게 되고 그 꽃집을 자주 이용하게 됩니다. 이처럼 '청결'과 '정리정돈'이라는 노력이 단골 고객을 만들어 줍니다.

17.
비즈니스 양식과 CI를
활용하고 있는가

꽃집에서는 주문접수증, 인수증, 주문서, 청구서, 견적서, 영수증, 고객카드 등 다양한 비즈니스 양식을 쓰고 있습니다. 이들 서식은 업무를 효율적으로 진행하게 할 뿐만 아니라 꽃집을 어필하는 수단이 되며, 가게의 신뢰도를 높이는 데도 크게 기여합니다.

그런데 의외로 이런 비즈니스 양식을 갖춰 놓지 않은 꽃집이 많은 것 같습니다. 주문이 들어오면 노트 같은 데에 적어 놓고, 배달할 때에 구두로 처리하는 꽃집도 있습니다.

이러한 꽃집 경영주들은 주문접수증이나 인수증 정도는 필히 갖추어 놓고 활용하기를 바랍니다. 그렇지 않으면 꽃을 주문하는 측이나 받는 측에서도 꽃집에 대한 믿음이 약해질 것이며 배달 사고 등에도 합리적으로 대응하지 못할 것입니다.

비즈니스 양식을 만들 때 로고는 항상 크게 인쇄하고 '감사합니다' 라든가 '거래해 주셔서 감사합니다' 라는 문구를 집어넣는 것이 좋습니다. 또는 그간의 관계를 좀더 개인적인 관계로 만들 수 있는 문구를 넣을 수도 있습니다. 이러한 것들이 바로 광고의 기회이며 돈을 버는 수단입니다.

　최근 기업 이미지 통합을 뜻하는 CI(corporate identity)에 관심이 높아지고 있습니다. CI는 경영이념과 철학을 나타내는 MI(mind identity), 사업이념을 로고, 심볼 마크, 색 등 시각적으로 표현하는 VI(visual identity), 직원들의 행동양식을 나타내는 BI(behavior identity)가 있습니다.

　현실적으로 꽃집 간에 경쟁은 치열해지는 데 비해 상품 구색이나 디자인에 뚜렷한 차별화가 되고 있지 않습니다. 이런 사실을 감안할 때 꽃집도 이미지를 제고하고 고객의 관심을 끌며 신뢰성을 높이도록 CI를 활용한다면 꽃집의 발전에 크게 기여할 것입니다.

18.
점포를 정기적으로 점검하고 개장을 하는가

꽃집을 시작할 때 아무리 멋있고 훌륭하게 꾸며도 시간이 지남에 따라 낡은 모습으로 됩니다. 점포가 퇴색되고 낡아 보이면 꽃의 신선한 이미지와 맞지 않아 판매에 영향을 줄 수 있습니다.

낡은 꽃집은 왠지 포장을 세련되게 하지 못할 것 같은 인상을 주기도 하며, 취급 상품이 유행에 뒤떨어진 것일 거라는 생각이 들기도 합니다. 하지만 개업한 지 얼마 안 되고 깨끗하게 꾸며 놓은 꽃집은 판매하는 꽃이나 포장기술이 오래된 꽃집에 비해 좋을 것이라는 생각이 들게 합니다.

그렇기 때문에 꽃집에서는 정기적으로 점포 외관에 대해 점검하고 낡은 것은 개장(改裝)할 필요가 있습니다. 특히 주위에 경합하는 꽃집이 있다면 그 꽃집에 뒤지지 않게 개장할 필요가 있습니다.

물론 개장을 하면 비용이 많이 들고 채산성이 문제가 되는 경우도 있습니다. 그러므로 정기적으로 개장 계획을 세우고 그에 따른 자금 계획을 세워두는 게 좋습니다. 또 채산성도 철저하게 따져 간판이나 천막, 페인트칠만 다시 한다든지 개장 정도를 조절해야 할 것입니다.

경합하는 꽃집이 새로 점포를 내었거나 대폭적인 개장을 한 경우에 그에 대응하기 위해 가게의 경영실태를 무시하고 경쟁점에 맞춰 개장을 한다면 자칫 경쟁력뿐만 아니라 생산성도 저하될 수 있습니다. 그러한 경우에는 개장에 초점을 맞추기보다는 다른 경쟁력 향상 방안을 찾아 실천에 옮겨야 합니다.

Key Point
- 꽃집의 이미지 관리를 위해서는 정기적으로 외장을 점검하고 낡은 부분은 개장을 한다.
- 자금이나 생산성에 따라 개장 정도를 조절하도록 한다.

19.
가게 안에는 부착물을
활용하고 있는가

백화점이나 대형 할인점에는 소비자를 유혹하는 현수막이나 포스터 등의 광고물이 천장, 벽, 계단, 바닥 등 눈에 띄는 곳이면 어디든지 붙어 있습니다.

이것을 POP(point of purchase advertising)라고 합니다. POP는 고객들에게 새로운 정보를 제공하기 위해서 붙여 놓지만, 한편으로는 구매를 자극해서 소비를 조장하기 위한 면도 있습니다. 덕분에 소비자 입장에서는 충동구매나 과소비를 할 수도 있겠지만 백화점 측에서 보면 광고 및 판촉 전략인 것입니다.

이와 마찬가지로 꽃집에서도 가게 안에 웨딩부케를 든 신부의 사진, 꽃박스 등의 상품사진과 포스터, 현수막, 식물이름이나 가격표시 카드 등을 붙여 놓으면 신뢰도를 높일 수 있고 홍보와 판촉 효과를 거둘 수 있습니다.

예를 들어 선물용 꽃을 구입하러 온 고객은 자신이 주문한 꽃바구니나 꽃다발이 다 만들어질 때까지 기다려야 하는데, 이때 그러한 부착물이 있으면 그것을 보기도 하고, 그것을 화제 삼아 말을 건네기도 합니다.

그러면 자연스럽게 매장 내의 광고로 고객이 잘 모르는 품목이나 그 가게에서 자신 있는 품목 그리고 가게의 영업방침까지 함께 알려 줄 수가 있습니다.

또 고객은 가게 안에 붙어 있는 상품사진이나 카탈로그, 광고전단 등을 보고 '이 가게는 열심히 하는 가게구나' 하는 이미지를 갖게 되며, '이 정도면 뭔가 맡겨도 되겠다' 라고 신뢰하는 마음이 생기게 됩니다. 그래서 웨딩부케 등 수요가 미리 결정된 것에 대해 예약까지 하는 경우도 있습니다.

이렇듯 매장 안의 광고는 말없이 영업사원 노릇을 해 줍니다. 취급하는 품목의 사진이나 꽃배달에 관한 내용 등 자기 꽃집의 일반적인 것을 알리는 것도 좋지만 잡지나 신문에 실렸던 광고, 홍보용 기사, 홍보 전단 등을 확대하여 액자에 넣어 걸어 놓는 것도 매우 좋은 방법입니다.

Key Point

POP 광고의 특징과 효과
- 고객의 쇼핑에 도움이 된다.
- 판매원의 접객 판매활동을 도와준다.
- 고객이 미처 생각하지 않고 있던 상품도 사도록 하는 등 충동구매로 유도한다.
- 광고, 전시, 기타 다른 판매촉진 활동과 상승 효과를 기대할 수 있다.
- 비교적 만들기 쉽고 비용이 적게 든다.
- 상품에 대한 설명을 할 수 있으므로 소비자 교육이 된다.

20.
경쟁 꽃집보다 오래 영업하고
개 · 폐점시간을 지키는가

꽃집의 개점시간은 취급 상품과 가게의 입지 그리고 경영
방침에 따라 영업하는 시간이 다를 수 있습니다.

일년 내내 영업을 하는 곳이 있는 반면 월 4회 이상 휴일을 갖는 곳
도 있습니다. 아침 일찍부터 저녁 늦게까지 영업을 하는 곳도 있고, 오
후부터 저녁 늦게까지 영업을 하는 곳도 있습니다. 어느 경우이든 경
영주 나름대로의 경영전략과 방침에 의한 것이므로 뭐라 참견할 사항
은 아니라고 생각합니다.

그렇지만 '이래서는 안 되는데…' 하는 꽃집들이 있습니다. 근처의
경쟁 꽃집은 쉬지 않고 있는데 별로 바쁜 일도 없으면서 철저하게 일
요일에는 쉬어 근조용 꽃 등을 경쟁 꽃집에 주문하게 하는 꽃집, 장사
가 안 된다고 며칠씩이나 문을 닫아 놓고 있는 꽃집, 손님이 없는 날은
일찍 문을 닫아버리는 꽃집, 대로변에 위치해 있으면서도 늦게 문을
여는 꽃집을 대표적인 예로 들 수 있습니다.

이러한 꽃집들은 고객들에게 꽃을 판매할 수 있는 기회는 물론 홍보
기회 및 새로운 고객을 개척할 수 있는 기회를 스스로 줄이고 있는 것

입니다. 아울러 기존 고객들마저 믿을 수 없는 꽃집이라고 여기게 됩니다.

요즘은 꽃집보다 훨씬 큰 규모의 백화점도 연중무휴 체제로 움직이고 있습니다. 편의점들은 24시간 쉬지 않고 영업을 하고 있습니다. 이렇게 쉬지 않고 계속해서 영업을 하고 있는 것은 무엇보다도 고객의 편의를 위해서이며, 그것이 사업의 발전과 연결되기 때문입니다.

꽃집도 장사이므로 고객의 편의를 우선으로 생각해야만 발전할 수 있습니다. 그런 측면에서 영업일이나 영업시간은 경영주 자신의 일정보다는 고객의 욕구에 맞춰야 합니다.

꽃집의 주변 환경에 따라서 개점과 폐점시간을 변경할 필요가 있는 경우도 있습니다. 예를 들면 다음과 같은 경우가 그러합니다.

① 새로운 공공시설이 신설되었거나 이전해 왔을 때
② 아파트나 상가 등이 신축되어 집들이나 개업이 많을 때
③ 지하철역의 신설이나 노선버스의 운행시간 변경에 의해 늦은 시간까지 통행량이 많을 때
④ 편의점의 신설이나 폐점에 의해 사람들의 통행량이 변화가 있을 때
⑤ 집들이나 개업의 많고 적음 또는 사람들의 통행량에 변화가 있을 때
⑥ 꽃집 주변에서 축제나 특정의 행사 등으로 일시적인 변화가 있을 때

이러한 상황이나 환경에 맞춰 꽃집의 개점과 폐점시간을 변경하는 융통성이 필요하기도 합니다.

21.
젊고 싱그럽고 화려한
여성 고객이 자주 오는가

대학 주변 상점들을 보면 참으로 변신을 잘합니다. 새로운
학기가 시작될 때면 새로운 업종의 가게가 등장하고, 기존의 가
게도 인테리어를 바꾸어 새로운 모습으로 단장해 고객을 맞이합니다.
그만큼 대학가는 유행이 빠르다는 것을 알 수 있으며, 장사하는 입장
에서는 유행의 흐름에 맞게 변하지 않으면 살아남지 못하기 때문이라
고 해석됩니다.

유행상품인 꽃을 취급하는 꽃집도 마찬가지입니다. 시류에 맞게 변
신을 거듭해야만 살아남을 수 있습니다. 시류에는 아랑곳하지 않고
유행이 지난 포장이나 장식을 한다면 고객의 발길은 점차 적어져 이
윽고 꽃집의 존재 자체도 어렵게 될 것입니다.

따라서 도태되지 않기 위해서는 끊임없이 자기 계발을 해야 함은 물
론 유행의 흐름을 파악하여 수용해야 합니다. 아울러 과연 나의 꽃집
이 시류에 적응하고 있는지 아닌지를 고객으로부터 수시로 확인받아
야 합니다. 단, 그 고객은 유행의 중심에 서 있는 젊고 화려한 여성이
어야 합니다.

22.
좋은 상품을 값싸게 구매하고 있는가

 꽃집들을 방문해 보면 길 하나를 사이에 두고 마주보고 있는 꽃집인데도 같은 상품이 다른 가격에 판매되고 있는 경우가 있습니다. 한쪽에서는 품질이 좋은 것을 값싸게 파는 반면에 다른 한쪽에서는 품질이 낮은 것을 더 비싸게 파는 경우도 있습니다.

이렇게 가격 차이가 나는 것은 경영주의 경영방침에 따른 마진율의 차이에 의한 것도 있지만 상품 구입가격 때문인 경우도 많습니다. 즉, 품질이 떨어진 것을 비싸게 구입했기 때문에 마진율을 낮춰도 판매가격은 경쟁 꽃집에 비해 비싸고 마진율은 적어 경쟁력이 낮은 것입니다.

상품의 품질과 가격경쟁력이 저하된 꽃집들은 그 원인을 분석해 보면 대부분 좋은 상품을 구별하는 능력이 부족하고 비싸게 구입한 데에 있었습니다.

따라서 좋은 상품을 싸게 구입하려면 좋은 상품을 구별하는 능력을 키워야 합니다. 좋은 상품을 구별하려면 일단 많은 상품을 보고 상품끼리 비교해 보는 것이 유익합니다.

또 구입한 상품이 시들고 병이 들었다면 그렇지 않은 상품과 어떤 차이가 있는지 관심을 갖고 보면 그 원인을 찾아낼 수 있으며, 그것이 좋은 상품을 구별하는 기준이 될 수 있습니다. 도매하는 분들에게 좋고 나쁜 상품을 구별하는 법을 배워도 좋습니다.

좋은 상품을 값싸게 판매하는 시기나 거래처를 선정하는 것도 중요합니다. 같은 종류라도 시장에서 싸게 거래되는 시기가 있고, 판매하는 업소에 따라서도 가격이 다르기 때문에 가게 운영에 지장을 주지 않는 범위 내에서 가능한 자주 시장을 방문하는 것이 좋습니다.

꽃집 경영주 중에는 관엽식물 도매상이나 농장까지 찾아가는 것을 번거롭게 생각하는 분들이 있습니다. 그래서 직원을 보내거나 전화로 주문하고, 이동차량에서 구입하기도 합니다.

직원을 시장에 보내 구입하거나 이동차량에서 구매를 하면 편리한 점은 있지만 좋은 물건을 구입하기는 어렵습니다. 결국 소비자들에게 좋은 상품을 제공하지 못하게 되므로 가게의 이미지가 나빠져 경쟁력이 저하되기 쉽습니다.

지방의 경우 지역의 중도매상에서 구입하는 꽃집이 많습니다. 그럴 경우 상품 품질도 품질이지만 상품의 구색 면에서도 한계가 있기 마련입니다. 지역에서 잘 팔리는 것만 갖춰놓다 보면 상품이 다양하지 못하고 새로운 것도 없게 됩니다.

지방의 꽃집들을 방문해 보면 어느 가게를 가나 상품 구색이 비슷비슷하여 차별화된 다른 상품을 찾기가 힘들었습니다. 이러한 지역에서는 광역시에 있는 규모가 큰 곳이나 서울 같은 데서 가끔 구입을 하여 차별화할 필요가 있습니다.

그렇지만 너무 자주 오르내리면 비용과 시간에 있어서 비경제적일 수 있으므로 한번 구입시 지방에 없는 것 위주로 구입하고, 다량으로 소비되고 지방에서 구입할 수 있는 것은 지방에서 구입하는 것이 좋습니다.

또 주변에 마음 맞는 꽃집이 있으면 공동으로 구매를 해보십시오. 그러면 구매에 따른 시간과 경비를 절약하면서도 좋은 상품을 지방에서 구입하는 것보다 저렴하게 구매할 수 있습니다. 뿐만 아니라 이것은 경쟁력을 높게 만듭니다.

Key Point

- 시장이나 농장을 방문하여 구매하면 상대적으로 좋은 상품을 저렴하게 구입할 수 있다.
- 지방에서는 공동 구매를 함으로써 다양한 종류를 저렴하게 구입할 수 있다.

23.
신선도를 잘 유지하며
신선한 절화를 판매하고 있는가

꽃의 품질에는 꽃의 크기, 색깔, 줄기, 잎의 수 등 눈으로 보고 판단할 수 있는 외부품질과 눈으로 보고 판단 가능하지 않은 내부품질이 있습니다.

내부품질 중 대표적인 것이 절화의 신선도입니다. 절화의 신선도는 외부 모양으로 판단 가능한 경우도 있지만 그렇지 않은 경우도 많습니다. 즉, 외부적으로는 신선한 것처럼 보여도 꽃병에 꽂아두면 꽃이 제대로 못 피고 시들거나 꽃 목이 구부러져 버리는 경우가 있습니다.

이렇게 외부적으로 신선한 것처럼 보여도 내부적으로 신선하지 않은 꽃은 소비자들의 불신을 살 수 있습니다. 꽃을 판매한 꽃집이나 업계뿐만 아니라 꽃 자체에 대해서 불신하기 쉬우므로 내부적으로도 신선한 꽃을 판매해야 합니다.

그렇다면 꽃을 내부적으로 신선하게 유지·관리하려면 어떻게 해야 할까요?

일반적으로 절화는 가위로 채화된 순간부터 수명의 카운트다운이 시작됩니다. 시시각각 꽃의 수명이 감소되어 관상일수는 점점 줄어들게 됩니다. 절화의 카운트다운 과정에서 취급이나 환경조건이 나쁘면 카운트다운은 보다 빠르게 됩니다. 반대로 취급이나 환경조건을 적정하게 유지하고, 수명연장제 또는 품질유지제를 처리하면 수명 연장이 가능해집니다.

그러므로 우선은 구입에서 판매기간까지의 기간을 최소화해야 합니다. 절화를 소량씩 자주 구입하면 귀찮다는 이유 때문에 한꺼번에 많은 양을 구입한 후에 판매하는 꽃집이 있는데, 그럴 경우 겉으로 보기엔 신선해도 내부품질은 크게 떨어집니다.

보통 절화 수명은 종류나 품종별 유전성에 따라 차이가 있지만 장미, 카네이션, 국화 등은 수명이 채화 후 평균 14일 정도입니다. 즉, 적정 조건하에서는 24시간마다 7%씩 수명이 감소하므로 채화 후 소비자에게 도착하는 데 걸리는 시간만큼 수명이 단축된다는 이야기입니다.

따라서 조금은 귀찮더라도 한꺼번에 많이 구입해 놓고 판매하는 것보다는 소량을 자주 구입하여 내부적으로도 신선한 꽃을 팔아야 합니다. 구입한 꽃은 물을 자주 갈아주고, 물에는 절화 수명연장제 또는 품질유지제를 넣고, 저온에서 관리를 할 때 내·외부적으로 보다 신선한 절화가 됩니다.

꽃을 꽂은 물통에는 박테리아가 번식하는데 온도가 높을수록 더 번성하고, 절화의 호흡활동이 활발해 양분의 소모도 많아지고, 노화도 빨라지므로 가능한 저온에서 관리하는 것이 좋습니다. 절화 수명연장제나 품질유지제는 상품으로 판매되는 것이 많으므로 비용을 조금 투자하더라도 구입하여 이용하면 절화의 신선도를 훨씬 더 연장할 수 있습니다.

여하튼 자신의 꽃집에서 판매한 꽃을 다른 꽃집에서 판매한 꽃보다 오래 보게 된다면 이는 신뢰로 연결되고, 신뢰는 재구매로 연결될 것이므로 상품의 신선도 유지에 신경을 써야 합니다.

그런데도 일부 꽃집에서는 일단 팔고 보자는 식입니다. 가령, 꽃바구니를 만들 때 플로랄폼을 아끼기 위해 꽃의 양에 비해 너무 작은 플로랄폼을 사용하여 꽃이 물을 제대로 흡수하지 못해 금방 시들어버리는 경우가 있습니다.

또 어떤 꽃집은 플로랄폼을 아끼기 위해 바구니 바닥 쪽에는 스티로폼이나 신문지 등으로 메우고 그 위에 플로랄폼을 세팅하여 꽃을 꽂고 있는데, 이 또한 플로랄폼의 수분이 쉽게 없어지고 물을 부어주어도 바구니 바닥에 고인 물을 플로랄폼이 흡수하지 못해 꽃이 빨리 시드는 원인이 되며, 소비자들의 불신을 키우게 됩니다.

내·외부적으로 신선한 꽃을 사용하는 것 못지않게 소비자들이 꽃을 구입한 후에도 신선한 상태에서 오랫동안 볼 수 있도록 해주는 것이 중요합니다. 그래야만 소비자들로부터 신뢰를 얻고 다음의 판매로 연결이 될 수 있습니다.

Key Point

- 꽃은 외관상 신선한 것처럼 보여도 내부적으로는 신선하지 않은 것을 판매하면 소비자의 불신을 사게 되므로 이에 대한 공부와 대책이 필요하다.
- 꽃을 자주 구입하고 신선도 유지 대책을 세워 신선한 꽃을 판매하도록 한다.

24.
입지에 맞는 상품 구성을 하고 있는가

 경영에 있어서 4P 즉 Product(생산), Price(가격), Place(입지), Promotion(판매촉진 활동)은 매우 중요한 요소입니다.

이 중에서도 입지조건은 매출과 깊은 관련이 있습니다. 보통 좋은 입지조건으로는 번화가로서 통행량이 많은 곳, 인구밀도가 높은 곳, 상가지역 등을 들고 있는데, 꽃집의 경우 이것이 그대로 적용된다고는 볼 수 없습니다.

꽃집은 평당 수익률이 그렇게 높은 업종은 아니어서 이런 곳에서 가게를 개업하게 되면 임대료가 큰 부담이 되는 경우가 많기 때문입니다. 완성품만 진열해 놓고 정해진 가격에 팔기만 하면 되는 장사는 인건비가 적게 들겠지요.

그러나 꽃집에서는 꽃으로 꽃바구니나 꽃다발 등을 만들어 팔아야 하기 때문에 판매할 수 있는 양이 다른 업종에 비해 적습니다. 결과적으로 판매비용은 많이 들고 총매출량은 제한적으로 되어 노동생산성이 낮게 됩니다.

또 꽃집의 상품에는 외판 상품과 배달 상품이 있습니다. 외판 상품은 결혼식이나 호텔 꽃 장식처럼 꽃을 가지고 가 현장에서 장식하는 것입니다. 배달 상품은 대부분 전화로 주문 받아 배달을 하는 상품입니다.

이처럼 외판 및 배달 상품은 임대료가 비싼 번화가가 아닌 곳에서도 얼마든지 매출 확대가 가능한 것들입니다. 따라서 상권의 중심가에 있는 꽃집이라면 수요가 많은 품목부터 갖추어 놓고 고객들에게 빠른 시간 안에 팔 수 있는 상품 구성을 해야 합니다.

반대로 조금 외진 곳에 있는 가게라면 폭넓은 상품을 구비하고 외판 상품이나 배달 상품의 개발에 힘써야 할 것입니다. 이러한 원칙을 갖고 꽃집이 위치한 지역의 특성에 맞게 상품을 준비하는 것이 필요합니다.

25. 고객 지향의 상품을 갖추고 있는가

"당신이 가지고 있는 것을 필요로 하고 있는 사람에게 파는 것은 비즈니스가 아니다. 당신이 가지고 있는 것을 필요로 하지 않는 사람에게 파는 것은 약간 비즈니스적이다. 비즈니스란 당신이 가지고 있지 않은 것을 필요로 하지 않는 사람에게 파는 것이다."

이것은 유태인의 유명한 격언입니다. 최근 대규모의 도매업소와 소매업소에서도 이 격언을 받아들이고 있는 듯합니다. 마치 손님이 원하지 않는 것을 구입하여 이것을 강매(?)하는 것이 잘하는 장사이고, 손님이 원하는 것을 만들거나 파는 것은 장사하는 사람의 체면에 관련이라도 되듯이 생각하고 있는 것 같습니다.

그런데 이 격언은 조국을 빼앗기고 수모를 당하던 유태인들이 살아남기 위한 마음가짐으로 삼은 것이고, 오늘날 우리들이 그대로 수용할 수 있는 것은 아닌 것 같습니다.

"경쟁이 치열해지면 치열해질수록 고객 위주로 지향한다."

"장사란 손님이 원하는 것을 만들어 싼값에 팔아 최저 마진을 남기고 손님에게 제공하는 것이다."

이것이 오늘날 우리에게 가장 필요한 사고방식이라고 할 수 있습니다. 따라서 꽃집 경영주들은 이미 구입해 놓은 것이나 자신의 기준에 의해 만든 것을 판매한다는 사고에서 벗어나 팔리는 상품을 만들고 구입해야 합니다.

비록 팔리는 상품이 경영주의 수준에 맞지 않고 유치하다 해도 그것이 결국은 소비자의 수요나 욕구에 적중하고 꽃집이 존재하는 데 필요한 이익을 내주기 때문입니다.

그렇다고 상품을 전적으로 팔리는 상품으로 구색을 갖춰 놓으면 상품이나 고객층을 다양화하는 데 장애가 되고, 꽃집도 개성이 없어지게 됩니다. 팔리는 상품 위주로 구성하되 팔고 싶은 상품, 개성적인 상품도 어느 정도 갖춰 놓는 게 좋습니다.

26.
미끼상품을 활용하고 있는가

 미끼상품이란 백화점과 할인점 등에서 고객을 끌기 위해
마진을 남기지 않거나 또는 원가 이하로 판매하는 상품으로
판매하는 측에서는 투자라고 볼 수 있습니다.

마진을 남기지 않거나 원가 이하로 판매하면 그 상품을 다 팔아도
손해이기 때문입니다. 그 대신 미끼상품을 판매함으로써 전체 상품
측면에서는 구색이 갖추어지고, 경쟁력 측면에서는 다른 곳에 비해
미끼상품의 가격경쟁력이 높아지는 것입니다.

결과적으로 구색을 맞추고 낮은 가격에 파는 미끼상품의 메리트를
소비자에게 제공하여, 고객들이 찾아오도록 유도한 다음 다른 품목들
도 구입하게 해 매출을 확대하는 전략인 것입니다.

꽃집에서도 이러한 미끼상품을 잘 활용하면 효과를 볼 수 있을 것입
니다. 가령 한 송이 장미를 구입하는 고객이 적은 꽃집이라면 한 송이
장미를 구입할 때는 꽃 가격에 관계없이 무조건 100원에 판매해도 되
리라 생각합니다.

원가는 이보다 높겠지만 그래도 하루에 장미 한 송이를 구입하는 고

객이 적다면 손해 보는 액수는 극히 미미할 것입니다. 그 대신 가게를 홍보할 수 있고 한 송이의 장미를 구입한 고객이 계속 가게를 찾아와 다른 상품들도 구입하게 될 가능성이 높아집니다.

또 저가의 상품들은 마진을 높게 책정해도 매출 증대에 큰 도움이 되지 않는 반면 비싸게 판다는 이미지만 심어져 다른 상품의 판매에도 나쁜 영향을 미치는 경우가 많습니다.

여하튼 미끼상품을 준비하는 것은 중요한 판매 전략이지만 계획 없이 시행하기보다는 각각의 꽃집 특성에 맞게 활용할 때 원하는 효과를 기대할 수 있습니다.

27.
화제가 되고 있는 상품과
신상품을 갖추고 있는가

꽃집에서 파는 화훼 상품 중에는 잡지나 TV에 소개된 후 유행된 상품이 많습니다.

건강에 좋다는 알로에가 그렇고, 모기를 쫓는다는 구문초도 매스컴에 소개된 후 보급이 확산되었습니다. 또 벤자민고무나무는 공기 정화 능력이 좋다고 해서, 선인장은 전자파를 흡수한다고 해서 수요가 크게 증가하였습니다.

언젠가 어느 유명 연예인이 들었던 웨딩부케가 잡지에 소개된 후 그 웨딩부케가 유행한 적도 있습니다. 최근에는 산세비에리아가 '빌딩증후군(sick building syndrome)'을 유발하는 대표적인 물질인 포름알데히드를 제거한다고 해서 인기가 높습니다.

화훼 상품은 다음과 같은 특징이 있어서 잡지나 TV에 한번 소개되고 나면 금방 유행할 정도로 매스컴의 영향을 많이 받습니다.

① 증정용 소비가 많다.
② 화훼에 대한 소비자 욕구가 다양하고 수요 구조가 복잡하다.

③ 화훼는 복지 및 원예치료 측면의 역할을 갖는다.

④ 소매점에서 가공률이 높은 상품이다.

⑤ 화훼는 소득 수준과 가격 변동에 민감한 상품이다.

⑥ 수요의 계절성 및 도시 집중성이 강하다.

⑦ 품목별로 용도가 뚜렷하다.

매스컴은 꽃집을 찾는 고객들에게도 절대적인 영향력을 미치고 있습니다. 따라서 꽃집에서는 그에 대한 정보를 모으고 유행할 가능성이 있는 상품을 구비해 놓는 것이 좋습니다. 그렇게 적절히 대응하지 않으면 고객들에게 외면당하기 쉽습니다.

매스컴에 소개된 꽃들을 재빨리 갖추어 놓고, 웨딩부케나 꽃다발 같은 기술형 상품은 잡지를 오려 놓거나 사진을 준비하여 손님을 맞을 수 있어야 합니다.

그러면 매출이 늘어서 좋을 뿐만 아니라 고객들은 그 꽃집을 센스 있는 꽃집으로 생각하게 되고, 이러한 일이 반복되면 고객들은 다른 곳에는 없어도 아마 그 가게에는 있을 것이라는 확신을 갖게 됩니다. 이러한 신뢰가 쌓이면 결국은 단골이 될 것입니다.

28.
꽃집을 어필할 대표적인 상품을 갖추고 있는가

 '자동차, 전자, 화학, 조선, 철강, 반도체' 하면 그것을 주력 품목으로 생산하는 대기업들이 연상되고, 연상되는 회사의 제품에 신뢰가 가는 것은 당연한 일입니다.

꽃집의 상품도 마찬가지입니다. 절화만 보더라도 다음의 표와 같이 종류에 따라 다양한 등급이 있으므로 선택의 폭은 넓습니다. 지역사회에서 어떤 특정한 상품을 인정받게 되면 장사는 한결 더 쉬워지게 됩니다.

따라서 능숙하고 쉬운 장사를 하기 위해서는 1등 상품, 즉 꽃집을 어필할 수 있는 대표적인 상품을 갖추고 있어야 합니다. 지역사회에서 가장 좋은 상품과 기술을 갖고 있으면 고객을 끌어들이기 쉽고 고객에게 접근하기도 쉽습니다. 그리고 고객을 단골로 만들기도 쉽습니다.

만약 자기의 꽃집을 어필할 수 있는 대표적인 상품이 없다면 상품 구색이나 서비스, 주력 상품, 다른 꽃집에 없는 상품, 최고라고 할 수 있는 기술 중에서 하나라도 갖추도록 노력해야만 가게의 경쟁력을 높일 수 있습니다.

품목		등급		보통
		특	상	
국화	대형종	꽃봉오리가 2/3 정도 개화된 것	꽃봉오리가 2/3 정도 개화된 것	특, 상에 미달한 것
	소형종	꽃봉오리가 3-4개 정도 개화되고 전체적인 조화를 이룬 것	꽃봉오리가 5-6개 정도 개화되고 전체적인 조화를 이룬 것	
카네이션	대형종	꽃봉오리가 1/4 정도 개화된 것	꽃봉오리가 2/4 정도 개화된 것	
	소형종	꽃봉오리가 1-2개 정도 개화되고 전체적인 조화를 이룬 것	꽃봉오리가 3-4개 정도 개화되고 전체적인 조화를 이룬 것	
장미	대형종	꽃봉오리가 1/5 정도 개화된 것	꽃봉오리가 2/5 정도 개화된 것	
	소형종	꽃봉오리가 1-2개 개화된 것	꽃봉오리가 3-4개 정도 개화된 것	
백합	대형종	꽃봉오리 상태에서 화색이 보이는 것	꽃봉오리가 1/3 미만 개화된 것	
	소형종	꽃봉오리가 1/2 정도 화색이 보이는 것	꽃봉오리가 화색이 보이지 않거나 1개 정도 개화된 것	
글라디올러스		꽃봉오리 1-2개 화색이 보이는 것	꽃봉오리가 3-4개 화색이 보이는 것	
튤립		꽃봉오리 상태에서 화색이 보이는 것	꽃봉오리가 1/3 정도 개화된 것	
거베라		완전히 개화된 것	완전히 개화된 것	
아이리스		꽃봉오리가 1/3 정도 올라온 것	꽃봉오리가 1/2 정도 올라온 것	
프리지아		꽃봉오리 밑부분의 소화가 화색이 보이는 것	꽃봉오리 밑부분의 소화가 1개 이상 개화된 것	
금어초		전체의 소화 중 1/3이 개화된 것	전체의 소화 중 2/3 정도 개화된 것	
스타티스		전체의 소화 중 2/3 정도 개화된 것	전체의 소화 중 2/3 정도 개화된 것	
해바라기		꽃의 크기가 5-7cm 정도이며 바깥쪽의 통상화가 1/5 정도 개화된 것	꽃의 크기가 5-7cm 정도이며, 바깥쪽의 통상화가 2/5 정도 개화된 것	
칼라		꽃봉오리가 1/3 정도 개화된 것	꽃봉오리가 2/3 정도 개화된 것	
리시안사스 (꽃도라지)		각 측지의 1번화가 1/4 정도 개화된 것	각 측지의 1번화가 2/4 정도 개화된 것	
안개초		전체의 소화 중 2/3 정도 개화된 것	전체의 소화 중 2/3 정도 개화된 것	
리아트리스		전체의 소화 중 1/5 정도 개화된 것	전체의 소화 중 2/5 정도 개화된 것	
극락조화		꽃봉오리가 1/3 정도 개화된 것	꽃봉오리가 2/3 정도 개화된 것	
스토크		전체의 소화 중 1/3 정도 개화된 것	전체의 소화 중 2/3 정도 개화된 것	
다알리아		꽃봉오리가 1/3 정도 개화된 것	꽃봉오리가 2/3 정도 개화된 것	
공작초		전체의 꽃봉오리 중 1/3 정도 개화된 것	전체의 꽃봉오리 중 2/3 정도 개화된 것	

품목		호칭				1묶음의 본수(본)	1상자의 본수(본)
		1급	2급	3급	4급		
국화	대형종	85cm 이상	75cm 이상	65cm 이상	65cm 미만	20	300-800
	소형종	70	60	50	50	5-10	300-800
카네이션	대형종	65	50	40	40	10 또는 20	300-1,000
	소형종	60	45	30	30	10 또는 20	300-1,000
장미	대형종	80	70	50	50	10 또는 20	200-700
	소형종	60	50	40	40	10 또는 20	200-700
백합	대형종	80	70	60	60	5 또는 10	200-600
	소형종	60	50	40	40	5 또는 10	250-400
글라디올러스(꽃의수)		100(14)	90(11)	80(8)	80(8)	10	200-300
튤립		50	45	40	40	10	400-500
거베라		65	55	45	45	10 또는 20	300-400
아이리스		65	60	50	50	10	400-500
프리지아		50	40	30	30	10	350-400
금어초		80	70	60	60	10	300-350
스타티스		80	70	60	60	10	350-400
해바라기		80	70	60	60	5	300-400
칼라		80	70	60	60	10	300-350
리시안사스(꽃도라지)		70	60	50	50	10	300-350
안개초		60	50	40	40	30-80	1,000-2,000
리아트리스		80	70	60	60	10	400-500
극락조화		80	70	60	60	5	200-300
스토크		75	65	55	55	10	250-300
다알리아		70	65	60	60	10	350-450
공작초		80	70	60	60	10	400-500

기준 : 1묶음 평균의 꽃대 길이(cm)

29.
팔고 싶은 상품과 팔리는 상품을 적절하게 조합하고 있는가

꽃집을 꿈꾸고 있는 분들 중에는 멋지고 깨끗한 분위기 속에서 진귀하고 고급스러운 꽃을 팔아 다른 꽃집과 차별화하고 싶다는 분들이 있습니다.

이러한 생각을 했던 분들 중의 몇몇은 실제로 가게를 고급스럽게 꾸며 놓고 진귀하고 고급스러운 식물, 수준 높은 절화 상품을 진열해 놓고 영업을 하기도 합니다. 하지만 꽃집을 개업한 후 얼마쯤 있으면 여느 꽃집처럼 개성 없이 이것저것 다 갖춰 놓고 판매하는 경우가 많습니다.

이는 현실적으로 팔고 싶은 상품과 팔리는 상품에 차이가 있기 때문입니다. 즉, 상품을 팔아 이익을 내어 가게를 안정적으로 운영하기 위해서는 팔리는 상품을 팔아야 하기 때문입니다.

그렇다면 차별화된 꽃집, 멋지고 깨끗한 분위기 속에서 진귀한 꽃을 파는 꽃집으로 만들겠다는 꿈의 실현은 어려운 것일까요? 꽃집의 위치나 고객의 성향에 따라 차이는 있지만 경영주의 의지와 실행만 있다면 가능한 일입니다.

경영은 꿈의 실현이라는 이상(理想)과 이익을 올려 성장·발전시켜야 하는 현실(現實), 이 두 가지를 만족시킬 때 효율성이 높아집니다. 꽃집에서도 이 두 가지를 만족시킬 때 고객들에게 매력적인 꽃집이 되고 경영주 자신도 신나게 일할 수 있게 됩니다.

그렇다면 다른 꽃집과 차별화되고 매력적인 꽃집으로 만들고 싶다는 꿈과 판매 측면을 고려해야 하는 현실을 어떻게 조화시켜야 할까요? 방법은 여러 가지가 있습니다.

그 중 상품의 구색 측면에서는 ① '보이고 싶은 상품'으로 고객의 눈길을 끌고, ② '팔고 싶은 상품'으로 꽃집을 특징짓고 차별화하며, ③ '팔리는 상품'에서 이익을 내는 것에 의해 가능합니다.

구체적으로 설명하자면 '보이고 싶은 상품'은 개성적이거나 고급스러워 고객들의 눈길을 쉽게 끌고 즐거움을 줄 수도 있습니다. 꽃집의 분위기를 바꾸게 할 수도 있고, 가게의 광고탑과도 같은 역할을 하여 꽃집을 인식시키는 데 도움을 줍니다. 비록 보이고 싶은 상품은 쉽게 팔리지 않아 이익을 내는 데는 크게 도움이 되지 않지만, 이러한 상품을 갖춰 놓으면 상품 폭이 넓어지고, 이익은 못 내더라도 판매촉진 활동비와 같은 것이 됩니다.

'팔고 싶은 상품'은 고객보다는 경영주의 입장이 반영된 것입니다. 그래서 꽃집을 개업했을 때 팔고 싶은 상품으로 구색을 갖춰 놓으면 경영주의 의지가 반영되어 차별화된 꽃집으로 되지만 그 꽃집의 상품을 사고 싶다는 고객은 적습니다. 다시 말해서 경영주와 코드가 맞는 고객이 많지 않아 이익을 내기 어려울 뿐더러, 경영주와 코드가 맞는 고객 위주로 영업을 해서 이익을 내기까지는 오랜 기간이 소요됩니다.

그래서 필요한 것이 이익의 원천(源泉)으로 되는 '팔리는 상품' 입니다. 팔리는 상품은 팔고 싶은 상품의 주변 상품으로 이익을 확보하고 꽃집을 유지 · 발전시키는 데 공헌합니다.

팔고 싶은 상품으로 이익을 확보하는 게 가능해질 때까지 팔리는 상품은 주력 상품 역할을 합니다. 그렇다고 해서 팔리는 상품에만 신경을 쓰게 되면 꽃집은 다른 꽃집과 별 차이 없는 그렇고 그런 꽃집이 됩니다.

경영주가 원하는 스타일의 꽃집으로 만들기 위해서는 팔리는 상품으로 이익을 얻되, 팔고 싶은 상품에 대한 고정고객의 증가 추이에 따라 팔고 싶은 상품의 진열량을 늘려 나간 다음 이것을 팔리는 상품으로 전환해야 합니다.

그렇게 되면 팔고 싶은 상품을 팔면서도 이익을 내고, 다른 꽃집과 차별화된 꽃집으로 만들어 경쟁력을 확보할 수 있게 될 것입니다.

Key Point

- 팔리는 상품만 갖춰 놓으면 꽃집이 개성이 없어지므로 가게 이미지 차원에서 개성적인 상품도 구색을 갖춰 놓는다.
- 팔리는 상품으로 이익을 얻되, 팔고 싶은 상품의 판매력을 점차 강화시켜 차별화된 꽃집으로 만든다.

30.
상품에 대한 지식이나 사용법을 알려 주고 있는가

 "이 꽃은 얼마 정도 합니까?"

"장미 ○○송이로 예쁘게 포장해 주세요."

"꽃바구니 하나 만들어 주세요."

꽃집에 선물용 꽃을 사러 오는 고객은 주로 남자들이 많습니다. 남자 손님들은 꽃집에 들어오면 이렇게 필요한 말만 하고는 상품이 만들어질 때까지 말없이 기다리는 경우가 많습니다.

이럴 때 당신은 그냥 묵묵히 주문한 상품만 만들어 줍니까? 아니면 몇 가지 기본 사항을 물어본 다음 상품을 제작해 줍니까?

그냥 주문한 것만 만들어 상품을 건네주기보다는 꽃의 용도와 보내는 의도, 꽃을 받는 사람에 대한 정보, 선물할 장소나 분위기, 희망하는 꽃, 희망하는 스타일 등을 물어본 다음 상품을 제작하는 것이 좋습니다. 물론 물어볼 때는 손님이 불쾌감을 느끼지 않도록 해야 합니다.

고객이 주문한 대로만 상품을 제작해 주면 선물하려는 손님의 마음이 잘못 전해지는 경우가 생길 수 있습니다. 꽃 선물에는 잘 아시겠지만 꽃말도 있고 나름대로의 에티켓이 있는데, 고객들은 이에 대한 지식이 많지 않습니다.

따라서 손님이 불쾌감을 느끼지 않는 범위 안에서 꽃을 받을 사람에 대한 정보와 꽃을 선물하는 사람의 의도를 명확히 파악하여 그 상황에 맞는 꽃을 연출해 주거나 지식이나 사용법을 알려 주면 꽃을 선물하는 효과가 더욱 커질 것입니다. 그러면 꽃을 구입한 고객은 꽃집을 신뢰하게 되어 단골이 될 가능성이 큽니다.

3장

작은 일에 충실할 때 성공이
보인다

31.
상품이름과 가격은 표시하고 있는가

백화점에서 파는 물건과 재래시장에서 파는 물건은 겉으로 볼 때 어떤 차이가 있을까요? 생각해 보면 여러 가지가 있을 테지만, 그 중에서도 가장 중요한 것을 꼽으라면 '포장과 가격 표시' 라고 할 수 있습니다.

백화점에서 파는 물건은 포장지에 가격이 표시되어 있으므로 종업원의 도움 없이도 필요한 것을 예산에 맞춰 구입할 수 있습니다. 반면에 재래시장에서 물건을 사게 되면 일일이 가격을 물어봐야 하기 때문에 계획적인 구매가 어렵습니다.

또 가격이 표시되어 있지 않는 관계로 판매자가 부르는 가격에 대해 전적으로 신뢰를 하지 않는 경향이 있습니다. 그래서 재래시장에서 물건을 살 때는 가격을 조금이라도 더 깎으려고 하는 것이 일반적인 현상입니다.

꽃집의 경우 상품명이나 가격을 표시하고 있는 곳은 그리 많지 않습니다. 가격이 표시되어 있지 않다 보니 소비자들은 가격을 신뢰하지 않으며 계획된 금액 한도 내에서 안심하고 구입품목을 선정할 수 없게 됩니다.

그러나 상품마다 가격을 표시하면 고객과의 불필요한 실랑이를 피할 수 있고, 충동구매의 비율을 높임은 물론 가게의 환경을 연출하는 효과도 기대할 수 있습니다.

절화의 경우 공산품과는 달리 날마다 가격 변동이 있고, 가격 표시를 할 카드를 만들 시간적 여유가 없다고 하는 것은 어디까지나 꽃집 측의 입장입니다. 고객을 지향하는 꽃집이라면 다소 번거롭더라도 매일매일 상품명과 가격을 표시해 두는 게 좋습니다.

관엽식물과 같은 분식물의 경우는 식물명과 가격은 물론 물 주는 방법, 상호, 전화번호 등 식물에 관한 정보와 꽃집의 연락처를 표시해 두어 식물 관리가 용이하도록 도와주면 나중에 추가적인 판매와 연결될 것입니다.

Key Point

- 가격 표시를 해두면 고객의 계획구매를 도울 뿐만 아니라 가게 연출 효과도 크다.
- 식물명과 관리 정보, 꽃집 정보를 담은 라벨을 붙여 놓으면 추가적인 판매로 이어질 가능성이 높아진다.
- 식물명이나 가격 표시는 POP 광고에 해당된다.

32.
리본과 메시지 카드의 글씨는 양호한가

글씨를 잘 써야 장사가 잘된다고 하면 소도 웃을 일이지만 꽃집 업계에서는 맞는 이야기입니다. 우리나라에서는 꽃을 선물할 때 대부분 디자인 상품에 글씨를 쓴 리본을 부착시키거나 메시지 내용을 쓴 메시지 카드를 첨부하고 있습니다.

리본의 경우 한쪽에는 경조사어를, 다른 한쪽에는 보내는 사람의 소속, 직함, 이름을 써서 보냄으로써 보내는 측은 공개적인 인사를 대신하고, 받는 측은 자신의 위상을 과시하는 역할을 합니다.

리본의 글씨는 보내는 측이나 받는 측의 체면 유지와 관련지어져, 일부에서는 리본의 글씨는 보내는 사람의 얼굴이라고까지 말할 정도로 중요시합니다.

사실 전문가가 아니고서는 꽃집에서 판매하는 상품의 좋고 나쁨을 구별하기가 쉽지 않습니다. 대신 글씨는 보편적인 것이어서 누구든지 잘 쓰고 못 쓴 것을 알기 때문에 글씨가 상품의 좋고 나쁨을 구별짓는 요인이 되기도 합니다. 따라서 리본의 글씨도 상품의 일부라는 생각을 갖고 신경을 써야 하는 것은 두말할 필요가 없습니다.

다행히 요즘에는 컴퓨터를 이용해 다양한 글씨체로 출력할 수 있는 프로그램이 개발되어 있으므로 이를 이용하면 글씨 때문에 고민할 필요가 없을 겁니다. 그러나 아직도 손으로 쓰는 꽃집이 많이 있는 것 같습니다. 이 경우는 여러 모로 신경을 써야 할 것입니다.

또 꽃집용 리본 출력 시스템을 갖추고 있어도 고객에 따라서는 먹으로 쓴 붓글씨체를 원하는 사람도 있습니다. 이런 경우는 글씨를 잘 쓰는 곳에서 필경료(筆耕料)를 주고서라도 고객을 만족시켜 주어야 할 것입니다.

메시지 카드의 경우 꽃바구니나 꽃박스 등의 상품을 배달할 때 많이 첨가되는 것으로 조금만 신경을 쓰면 꽃을 받는 사람에게 좋은 이미지를 줄 수 있는데 그렇지 못한 경우가 많습니다.

상품을 제작하고 연출하는 데는 신경을 쓰지만 메시지 카드의 글씨는 소홀히 하는 꽃집도 있습니다. 아무리 상품을 좋게 만들어도 메시지 카드의 글씨체가 읽기 어려울 정도로 난필(亂筆)이거나 보기에 흉할 정도면 꽃집의 신뢰를 무너뜨리게 됩니다.

그러므로 경영주의 글씨체가 난필인 경우는 다른 사람에게 부탁하거나 컴퓨터 글씨체를 이용해서라도 좋은 이미지가 전달될 수 있도록 해야 합니다.

33.
밝고 큰 목소리로
손님을 맞으며 미소를 짓는가

"어서 오십시오!"

이 말은 어느 가게를 가더라도 들을 수 있는 말입니다. 그러나 밝고 큰 목소리로 "어서 오십시오"라고 하는 곳은 많지가 않습니다. 밝고 큰 목소리로 "어서 오십시오"라고 외치는 것은 동서고금을 막론하고 오랜 옛날부터 장사를 번성하게 하는 첫째 조건인데도 말입니다.

같은 말인데도 파는 사람이 원기가 왕성하게 고객을 맞이하면 고객은 물건이 사고 싶어지며, 상품을 선정하는 것이나 거래도 시원시원하게 이루어집니다. 그렇지 않고 찡그린 얼굴로 마지못해 "어서 오십시오" 한다면 고객은 살 것도 안 사고 또 좋은 꽃을 싸게 팔아도 다시는 오지 않을 것입니다.

그러므로 환한 미소와 함께 밝고 큰 목소리로 고객의 마음속에 '우리 가게는 즐거운 곳이며 우리 가게와 거래하면 만족할 수 있을 것'이라는 이미지를 심어 줄 필요가 있습니다. 그러면 고객은 기꺼이 단골이 되어 줄 것입니다.

환송하는 말로 "감사합니다"라는 진심에서 우러나온 말 뒤에 덧붙여 "꼭 다시 한 번 들러 주십시오"라는 말 한마디가 고객의 마음을 더욱 뿌듯하게 해주며 깊은 인상을 줄 것입니다.

서비스(service)라는 말은 서비팀(servitum)이라는 라틴어 단어에서 유래된 것으로 '노예가 주인에게 봉사한다' 라는 뜻입니다. 훌륭한 접객 행위를 하기 위해서는 밝고 큰 소리로 인사하는 것 외에 건전한 직업정신, 건강한 몸과 마음, 확고한 서비스 정신, 친절하고 성실한 말과 행동, 모나지 않은 성격, 상품에 대한 지식, 배우와 같은 연기 능력, 자신감에 넘치는 말과 행동이 필요합니다.

34.
깨끗한 옷차림과 정중한 언어를 사용하고 있는가

 꽃집 업계에서도 앞치마나 유니폼을 도입하는 경우가 늘고 있는데 이는 매우 바람직한 현상입니다. 초라하고 지저분한 가게의 모습과 옷차림은 화려한 꽃의 이미지와 어울리지 않을 뿐더러 고객들에게도 좋은 인상을 주지 못합니다.

예전에는 비닐하우스나 가건물에 가게를 여는 경우가 많았는데, 근무자가 생산과 판매를 겸하다 보니 작업복을 입고 고객을 맞이하곤 했습니다. 그 때문에 고객들이 꽃집 경영주를 얕잡아 보는 경우도 간혹 있었습니다.

최근에는 아름다운 내·외장을 갖춘 꽃집이 곳곳에 생겨나고 있으며, 단정하고 깨끗한 옷차림으로 고객을 맞이하는 등 상점 이미지에 신경 쓰는 경영주가 늘고 있습니다.

만약 아직도 운동복을 입거나 깔끔하지 못한 복장을 한 채 고객을 맞이하는 꽃집이 있다면 개선해야 합니다. 고객을 전혀 의식하지 않은 옷차림이나 언어 사용도 피해야 합니다.

단정한 복장과 언어가 주는 품위 있는 느낌은 꽃집의 전체 이미지는 물론 서비스에도 전달되기 때문입니다. 따라서 꽃집 경영주들은 꽃이나 서비스를 팔기 전에 먼저 자기 자신을 팔아야 한다는 것을 마음에 새겨 두어야 합니다. 아울러 정중한 언어와 제대로 된 옷차림은 판매에 큰 도움이 된다는 사실을 명심하기 바랍니다.

35.
전화를 명확하고 친절하게 받는가

　　오늘날 전화가 없는 사업은 생각조차 할 수 없습니다. 꽃집에서도 전화에 의한 꽃 주문이 늘고 있는 등 전화로 거래하는 비중이 커지고 있습니다.

　　제가 조사한 바에 의하면 꽃집의 전체 수주액 중 전화로 주문 받은 것이 80% 이상 되는 곳이 많았습니다. 따라서 전화는 매우 중요한 마케팅 수단이 될 수 있습니다.

　　전화로 꽃을 주문할 때는 구매자가 상품을 보고 있지 않기 때문에 전화를 받는 사람의 태도에서 상품을 연상하게 되고 그것이 이미지화 되는 것입니다. 따라서 전화예절은 그 자체가 상품이나 마찬가지이며, 전화를 잘 받으면 거래가 시원스럽게 이루어지고 신뢰감도 쌓이게 됩니다.

　　그런데 이러한 효과를 간과하고 전화를 소홀히 받는 꽃집도 간혹 있습니다. 꽃집에 전화를 해보면 분위기 있는 목소리인 양 목소리를 깔고 받는 분, 퉁명하고 불친절한 분, 졸린 듯한 목소리로 말하는 분, 주문을 받고도 "고맙습니다" 하고 인사하기는커녕 퉁명스럽게 먼저 전화를 끊는 분 등 전화예절이 요구되는 분들이 더러 있습니다.

고객이 꽃을 주문하려고 전화를 했는데 꽃집에서 이렇게 불쾌하게 성의 없이 전화를 받으면 다음부터는 다른 곳으로 시켜야겠다는 생각을 가지게 됩니다. 자신의 꽃집에서는 어떻게 전화를 받고 있는지 한번쯤 살펴보기 바랍니다.

전화를 명확히 받는 것도 중요합니다. 전화로 주문을 받을 때 신경 쓰지 않으면 배달 상품에 보내는 사람의 이름이 틀리는 경우도 있습니다. 보내는 사람, 배달할 곳, 전화번호 등을 꼭 자세히 확인해야 합니다. 팩스나 이메일 등을 이용하면 틀리는 일이 없어 좋겠지만 주문하는 분에게 팩스나 컴퓨터가 없는 경우도 많기 때문입니다.

Key Point

- 통신판매가 많은 꽃집에서 전화예절은 그 자체가 중요 상품이다.
- 고객 입장에서 전화예절을 점검하고 꾸준히 개선해야 한다.

36.
고객이 없는 시간대에도 바쁘게 일하고 있는가

 꽃집의 일은 계절을 많이 탑니다. 주말이나 기념일을 전후해서 또는 기타의 특수가 있는 날은 잠을 못 잘 정도로 바쁘고, 한가할 때는 파리 날릴 정도로 일이 편중됩니다. 그 때문에 고객이 없는 시간대에는 느긋하게 여유를 즐기는 경우가 있습니다.

그런데 엄밀히 따져 보면 고객이 없어 한가하다는 것은 꽃집의 운명을 고객들에게 맡겨 버린 것이나 다름없다고 볼 수 있습니다. 자신이 꽃집의 주인이라면 팔려는 의지를 갖고 대책을 세워야 합니다.

어떻게 하면 고객을 만족시켜 다시 오게 만들고, 어떻게 하면 수요를 개척할 것인가에 대해 연구하여 실천에 옮겨야 합니다. 꽃집 경영에 관계되는 책을 읽거나 꽃에 관련된 세미나, 데먼스트레이션 등에 참가하여 정보를 얻어야 합니다. 또 장부를 정리하거나 노랗게 된 잎을 정리하는 등의 상품관리를 하면서 바쁘게 일해야 합니다.

현재 고객이 없어 여유시간을 즐기고 있다면 한가한 것 자체만을 문제로 삼지 마십시오. 오히려 한가한 시간을 꽃집 발전에 투자하지 않고 여유 있게 즐기고 있는 사실 그 자체가 큰 문제입니다.

37.
작업시간을 효율적으로 분산시키고 있는가

꽃집 일을 하다 보면 "오줌이 마려워도 함부로 못 간다"는 말이 있습니다. 꽃집 일이 소변보러 갈 시간이 없을 정도로 바쁘다는 얘기가 아닙니다. 언제 어떠한 상황이 발생할지 모른다는 얘기입니다.

잠을 자다가도 근조화환을 주문 받으면 꽃을 꽂아야 되는 등 일 자체가 갑작스럽고 불규칙한 경우가 많습니다. 이러한 현상은 꽃집에서 어느 품목을 주력 상품으로 취급하느냐에 따라 그 정도가 심해집니다.

예를 들어 웨딩부케나 축하화환을 전문으로 하는 꽃집이라면 평일에는 한가하지만 주말이나 일요일이 되면 밤샘을 해야 되는 경우가 많습니다. 그러다 보니 평일에는 노동생산성이 극히 떨어지는 반면 주말에는 그 어느 가게보다 바빠 별도의 인원을 활용해야 하는 경우가 많습니다.

이렇게 해서 전체적인 근무시간은 정규시간대에 일정하게 일하는 가게와 같을지라도 경영 측면에서는 효율이 낮은 장사가 됩니다. 왜냐하면 평일에는 일이 별로 없기 때문에 일당 3만 원 하는 직원이 1만

원어치의 일도 하지 못할 때가 많습니다. 그렇다고 해서 주말에 그 직원이 1주일치 급료만큼의 일을 한다는 보장도 없습니다.

따라서 작업시간이 특정요일이나 특정시간에 몰려 있다면 분업화하여 분산시키는 한편, 일이 적은 시간대의 꽃 수요를 개척해야 합니다. 즉, 평일에도 어느 정도 수준의 매출이 이루어지도록 판촉활동을 해야 합니다.

분업화는 한가한 시간에 리본을 접어 두거나 포장을 해 두는 일, 와이어로 만드는 웨딩부케라면 주중에 꽃이나 절엽의 와이어링을 해 두는 일을 예로 들 수 있습니다. 주문제작 상품이어도 이처럼 분업화할 수 있는 측면이 많습니다. 문제는 항상 일을 효율적으로 진행시키겠다는 경영주의 철학과 행동입니다.

38.
꽃 외의 상품비율을 높이고 있는가

  꽃집은 말 그대로 꽃을 판매하는 곳입니다. 꽃집이기 때문에 꽃을 전문화하여 판매하는 것이 이미지 측면이나 전문화 측면에서 유리할 수 있습니다.

하지만 꽃집의 운영 목적이 취미생활이 아닌 이상 수익성을 저버릴 수 없습니다. 수익성을 올리기 위해서는 꽃 외의 상품도 판매하는 게 유리한 경우가 많습니다.

꽃 외의 상품은 크게 두 가지로 나눌 수 있습니다. 하나는 꽃과 더불어 판매하는 상품입니다. 다른 하나는 꽃과는 별개로 판매하는 상품입니다.

꽃과 더불어 판매하는 상품은 케이크, 와인, 인형, 초콜릿, 보석, 상품권, 주류 등 여러 가지가 있는데, 상품 건당 판매액이 많아진다는 것에 큰 의미가 있습니다.

가령 5만 원짜리 꽃바구니 하나만 배달하는 것에 비해 5만 원짜리 꽃바구니와 2만 원짜리 케이크를 함께 배달하면 상품은 7만 원짜리로 상품 1개당 제작에 투자되는 시간이나 배달비용이 상대적으로 적게 들어 이익이 많아집니다.

따라서 옵션품목을 개발하고 이를 꽃과 연계하면 다른 꽃집과 차별화되는 것과 함께 매출액 증가를 쉽게 할 수 있습니다. 그러므로 꽃 외의 상품을 개발하고 홍보하여 판매비율을 높임으로써 생산성을 높였으면 합니다.

꽃과는 별개로 판매하는 상품은 꽃집 위치에 영향을 많이 받습니다. 통행인이 많은 곳이라면 담배나 복권 등을 판매해도 좋다고 생각합니다. 꽃을 판매하는데 장애가 되지 않는 범위 내에서 꽃 외의 상품을 판매하면 가게의 단위 면적당 생산성을 높일 수 있습니다.

실제로 담배나 복권 판매이익이 가게세나 전기세 등 고정비용을 충당하는 곳도 있습니다. 꽃집에서는 꽃만 판다는 고정관념에서 벗어나 좀더 유연한 생각으로 꽃 외의 상품을 판매할 수 있는 것에는 무엇이 있는지 연구해 보십시오.

나아가 그러한 것들이 꽃 판매에 어떤 영향을 미칠 수 있을지에 대해서 검토해 보고, 도입하여 점포의 단위 면적당 생산성을 높여보기 바랍니다.

Key Point

- 꽃 외의 상품비율을 높임으로써 고객당 판매액을 증가시켜 부가가치를 높인다.
- 가게의 위치에 따라서는 점포 단위 면적당 생산성을 높일 수 있는 꽃 외의 상품 판매도 생각해 본다.

39

수시로 상품을 점검하고 있는가

꽃집에서는 꽃 상품을 '경쟁력'과 '다양성' 측면에서 수시로 점검할 필요가 있습니다.

경쟁력은 자신의 꽃집에서 판매하고 있는 상품이 다른 꽃집에서 판매하고 있는 상품에 비해 가격, 디자인, 크기 등에서 경쟁력이 있는지 여부를 고객 측면에서 검토해 보는 것입니다. 다양성은 우리 꽃집에 없는 것이 다른 꽃집에 있는지, 또 다른 꽃집에는 없는데 우리 꽃집에 있는지 여부를 검토해 보는 것입니다.

이렇게 검토해 보면 개선해야 할 점, 갖추어야 할 품목이나 상품을 쉽게 찾아낼 수 있고 대응책을 마련할 수 있습니다. 상품을 점검하는 것은 마음만 먹으면 쉽게 할 수 있습니다. 꽃배달을 가보거나 꽃이 들어오는 행사장을 방문해 보면 다양한 종류와 디자인 및 가격대의 꽃 상품을 만날 수 있으므로 쉽게 비교할 수 있습니다.

그렇지만 규모가 큰 꽃집의 경우 직원들의 역할이 분담되어 있기 때문에 사정이 다릅니다. 디자이너는 디자인만 하고, 배달직원은 배달만 하기 때문에 직원들 간에 상품에 대한 커뮤니케이션이 잘 이루어지지 않는 경우가 많습니다. 그로 인해 경영주가 자신의 가게에서 판매되는 상품이 다른 가게에서 판매되는 상품에 비해 좋은지 나쁜지, 유행에 맞는지 어떤지를 제대로 파악하지 못하는 경우가 있습니다.

경영주가 자신의 꽃집에서 판매되는 상품이 경쟁 꽃집에 비해 디자인이나 가격 면에서 경쟁력이 없고, 상품도 다양하지 못함에도 이를 알지 못하고, 대책도 세우지 않으면 꽃집에 대한 부정적인 이미지가 생기게 되고 매출도 떨어지기 쉽습니다.

그러므로 경영주 자신이 직접 배달을 하거나 아니면 꽃이 많이 들어오는 행사에 참석하여 상품을 점검해 볼 필요가 있습니다. 특히 배달상품의 경우 다른 꽃집의 상품에 비해 리본의 연출(비가 오는 날 실외에 배치시 비닐커버를 씌우는지 여부, 리본이 바람이 날리지 않도록 고정하는지 여부 등)이나 배치자리, 최종적인 연출에서 소홀하지 않는지도 점검해야 합니다.

지방에서 꽃집을 경영하는 분들은 가끔 대도시의 꽃시장이나 서울의 번화가, 대학가 등에서 현재 유행하고 있는 상품이 어떤 것이며, 포장은 어떻게 하는지 등을 파악하여 적용해 보기 바랍니다. 상품에 사용되는 소재나 디자인이 끊임없이 변화하고 있으므로 수시로 유행상품이나 자신의 판매상품을 점검하여 꽃집의 경영에 반영해야 합니다.

Key Point

- 소비현장에서 경쟁 꽃집과 상품을 비교해 보는 기회를 가져본다.
- 유행상품에 대한 정보를 수시로 얻도록 노력한다.
- 상품회전율 = 매출액÷평균 재고

40.
품목과 용도별 이익관리를
하고 있는가

꽃집에서 판매하는 품목별 비율은 꽃집의 위치나 영업형태에 따라서 다양합니다.

한 조사에 의하면 종합적인 품목을 파는 꽃집 10군데의 매출내역을 품목별로 조사한 결과 절화상품이 64.9%, 관엽식물이 19.3%, 동서양란이 14.8%, 기타 1.0%인 것으로 나타났습니다.

당신의 꽃집 매출액은 어떤지요? 절화 상품이라면 그 중에서 축하화환 비중은 몇 퍼센트이며, 근조화환 비중은 몇 퍼센트인가요? 또 꽃바구니와 꽃다발의 비율은 어떻게 됩니까?

품목은 용도나 고객층, 고객 성향에 따라 달라집니다. 회사를 상대로 업무용 위주의 영업을 한다면 화환이나 동서양란, 관엽식물 등의 비율이 높겠죠. 그렇지 않고 시내번화가에서 젊은층을 대상으로 영업을 한다면 꽃다발이나 꽃바구니의 비율이 높을 것입니다.

이렇게 품목별로 매출액 비율을 산출해 보면 자신의 꽃집에서 강한 것, 약한 것을 파악할 수 있습니다. 그리고 어느 품목에서 이익을 많이 내며, 투자에 비해 생산성이 높은 품목과 적은 품목을 쉽게 알 수 있습니다.

반드시 품목별 매출액과 이익관리를 하라고 권장하고 싶습니다. 그리고 강하고 생산성이 높은 품목은 상품 개발이나 마케팅 활동을 하여 더욱 강화시키십시오.

발전 가능성이 큰 품목인데도 매출액이 적은 품목은 그 원인을 분석하고 대책을 세워 판매비율을 높였으면 합니다. 반면에 상품 개발이나 고객 개발에 많은 투자를 하고 있는 품목인데도 투자에 비해 매출액이나 발전 가능성이 적은 품목은 투자를 줄였으면 합니다.

예컨대 품목별 매출액 비율을 조사한 결과 꽃바구니에 대해서는 그다지 영업활동을 하지 않았는데도 판매건수나 판매액 비율이 높다면 더욱 강하게 하기 위해 꽃바구니 종류나 가격대를 다양하게 할 필요가 있습니다.

또 꽃바구니뿐만 아니라 꽃바구니에 다양한 옵션품목을 추가해 선택의 폭을 넓게 해주는 것과 동시에 꽃바구니당 판매단가를 높였으면 합니다.

반대로 경조화환 쪽에 비중을 두고 상품 개발과 영업활동을 하는데도 판매실적이 미비하다면 점차적으로 줄일 필요가 있습니다.

이익이 나쁜 품목은 커트 대상으로 하고, 이익이 큰 상품군의 판매량 증가에 노력을 집중하면 됩니다. 이것이 이익관리를 위한 공격적인 영업입니다.

한편 품목은 용도와도 밀접한 관련이 있습니다. 생일이나 결혼기념일에는 꽃바구니가 많이 사용되며, 개업식에는 관엽식물, 난, 화환 등이 많이 사용됩니다. 인사 이동에는 난, 장의에는 근조화환이나 영정용 꽃바구니가 많이 사용됩니다.

 그러므로 판매되는 상품을 용도별로 분류한 다음 어떤 용도의 상품에서 강하고, 어떤 용도의 상품에서 생산성이 낮고 높은지 등을 분석하고 이익관리를 해야 할 필요가 있습니다.

Key Point

- 강하고 생산성이 높은 품목은 상품 개발이나 마케팅 활동을 하여 더욱 강화시키도록 한다.
- 발전 가능성이 큰 품목인데도 매출액이 적은 품목은 그 원인을 분석하고 대책을 세워 판매 비율을 높인다.
- 상품 개발이나 고객 개발에 많은 투자를 하고 있는 품목인데도 투자에 비해 매출액이나 발전 가능성이 적은 품목은 투자를 줄인다.

41.
캐주얼플라워와 포멀플라워를
차별화하고 있는가

캐주얼화나 캐주얼복이라는 말은 많이 들어 봤어도 캐주얼플라워(casual flower)와 포멀플라워(formal flower)라는 용어는 다소 생소할 것입니다. 우리나라에서는 아직 이런 말들이 일반적으로 사용되고 있지 않습니다.

여기서 이런 용어를 언급하는 것은 꽃 유통구조의 급격한 변화를 알고 그에 적응하기 위해서는 캐주얼플라워와 포멀플라워를 알아두어야 하기 때문입니다.

포멀플라워는 관혼상제, 파티, 개업용, 선물용 등 자세를 바르게 하고 복장을 고쳐 엄숙한 기분을 가지고 참가하는 장소에 사용되는 꽃입니다. 즉 정장(formal wear)을 입은 장면, 또는 정장의 마음으로 사용하는 꽃이기 때문에 격식과 고급스러움이 요구되는 것입니다.

대표적인 것으로는 격식과 용도에 맞도록 화환, 꽃바구니, 꽃다발 등으로 제작된 것들로 꽃에 부가가치를 붙여 고가로 판매되는 꽃입니다.

포멀플라워의 반대 개념으로 캐주얼플라워가 있습니다. 이는 보통화라 말할 수 있습니다. 좀더 쉽게 풀이해 보면 선물용도 업무용도 아닌 오직 가정용이나 일상생활의 꽃이라는 의미입니다. 캐주얼플라워는 다른 사람을 위해 보내는 포멀플라워와는 달리 자신을 위해 구입하는 꽃이기 때문에 구입하는 마음이나 꽃에 대한 평가가 다릅니다.

가령 선물용 꽃은 꽃의 품질이나 포장에 신경을 써야 하지만 자신을 위해 구입하는 꽃은 포장에 그리 비중을 두지 않습니다. 게다가 가격만 저렴하다면 품질이 다소 떨어진 것도 선호합니다.

그런데도 대부분의 꽃집에서는 미개척의 거대한 시장을 형성하고 있는 캐주얼플라워와 이미 인지도가 상당히 높아진 포멀플라워를 구별하고 있지 않습니다. 그래서 꽃 가격도 차별화하지 않고 포멀플라워를 기준으로 정하는 예가 많습니다.

예를 들어 고객이 장미 20송이 가격을 문의해 왔을 때를 생각해 봅시다. 한 송이당 구입가가 300원이라면 얼마라고 대답하시겠습니까?

만약 포장을 할 것인지를 고객에게 물어본 다음 포장을 하게 되면 600원, 안 하게 되면 400원이라고 차별화해서 대답한다면 포멀플라워와 캐주얼플라워의 개념이 서 있는 것입니다.

그렇지 않고 습관적으로 구입가에 2배만 생각하고 송이당 600원이라고 대답하는 분이라면 두 개념을 구분해서 명확히 할 필요가 있습니다. 그런 개념 없이도 장사만 잘 해왔는데 무슨 잔소리냐고 말할지 모르겠지만 앞으로는 포멀플라워와 캐주얼플라워의 구분을 명확히 해야만 변화하는 유통환경에 대응하고 꽃집의 발전을 기대할 수 있습니다.

그 이유는 첫째로 꽃 가격을 차별화하여 받음으로써 디자인 기술비를 받고 꽃집의 이미지를 개선하며 꽃 소비를 확대할 수 있기 때문입니다.

둘째는 꽃집의 경쟁력을 높이기 위함입니다. 우리나라에서는 꽃의 판매가 거의 꽃집에서 이루어지고 있습니다. 그러나 네덜란드는 약 44%, 미국은 40% 정도만 꽃집에서 판매되고 나머지는 백화점이나 슈퍼마켓, 주유소, 자동판매기, 캐주얼플라워전문점 등 다양한 곳에서 판매되고 있습니다.

캐주얼플라워의 소비가 많기 때문입니다. 다시 말해서 캐주얼플라워는 특별한 기술이 없어도 팔 수 있기 때문에 아무데서나 판매가 가능한 것입니다.

이제 우리나라도 꽃집에서만 꽃을 팔던 시대는 서서히 막을 내리고 있습니다. 꽃판매처가 다양해지면서 꽃에 대한 소비자의 가치관이 변하고 있습니다. 이러한 흐름을 무시하고 여전히 포멀플라워 개념만 갖고 있으면 꽃집의 경쟁력 향상에 전혀 도움이 안 될 것입니다.

Key Point

- 우리나라에서도 가정용과 같은 캐주얼플라워의 소비가 증가하고 있다.
- 캐주얼플라워의 소비 증가는 대형 할인마트 같은 곳에서 대면판매방식의 꽃집 존재와 성장 가능성을 나타낸다.

42.
재고의 활용과 관리를 철저히 하는가

꽃집에서 재고관리는 꽃집의 이미지에 크게 영향을 미칩니다. 관엽식물의 경우 상품가치가 떨어진 재고를 가게 내에 그냥 두게 되면 면적만 차지하게 되어 다른 상품을 진열할 공간이 적어지게 되고 이것은 결과적으로 상품의 양이나 구색 폭을 적게 합니다.

또 상품의 이미지 측면에서도 좋지 않습니다. 고객이 가게에 들어왔을 때 잎이 마르거나 떨어진 식물 혹은 시들어 버린 식물이 있다면 전체적으로 상품이 안 좋은 느낌이 들기 쉽습니다. 생육이나 병충해 측면에서 다른 건전한 식물의 생육을 저해하고 병충해의 감염원이 될 수도 있습니다.

무신경하게 이러한 식물을 가게 입구나 가게 내에 두는 꽃집을 자주 보게 되는데 바로 치우거나 활용했으면 합니다. 활용방법은 우선 집에서 기르면서 식물에 대한 경험을 쌓았으면 합니다. 꽃집에서는 가꾼 것을 판매만 하지 실제로 생산을 하지 않기 때문에 재배에 대한 경험이 적은 경영주가 많습니다.

벤자민고무나무의 경우 뿌리를 많이 잘라내고 분갈이를 하면 뿌리를 자르지 않고 가지치기만 하고 둔 것에 비해 훨씬 잘 자라고, 파키라의 경우 가지를 줄기에 바싹 잘랐을 때 많은 싹이 나옵니다. 경험을 통해 이러한 것을 배우고 새로이 알게 된 산지식을 재배관리뿐만 아니라 상담 등 마케팅에 활용하면 좋은 결과를 얻을 수 있습니다.

직접 키우기가 어려운 경우에는 마케팅에 활용해 보세요. 재고가 난 것을 다듬은 다음 주변의 고객들에게 나눠주면 꽃집을 인식시키고 꽃이 필요시 구매를 유도하는 판촉물이 됩니다.

절화도 마찬가지입니다. 신선도가 떨어진 꽃이 아까워 팔면 꽃집의 이미지가 나빠질 뿐 아니라 고객도 감소하게 됩니다. 또 팔릴 때까지 두면 결국 쓰레기량만 증가하게 됩니다. 그러므로 다소 신선도가 떨어진 절화는 고객의 입장에서 꽃을 경험해 보는 재료나 판촉물로 활용해 보십시오.

꽃을 고객의 입장에서 이해하기 위해서 절화를 집에서 장식해 보았으면 합니다. 꽃을 꽂아두고 관찰해 보면 고객의 입장에서 수명이 얼마쯤 되는지, 꽃이 완전히 피기도 전에 꽃 목이 구부러지고 시들어버리지는 않는지 관찰이 가능하게 됩니다.

실제로 꽃집에서 판매를 할 때는 잘 모르지만 꽃의 종류나 꽃집에서 관리한 기간에 따라 꽃병에 꽂아둔 꽃들은 다양한 반응을 보입니다.

어떤 꽃들은 꽃병에 꽂은 다음날 아침에 시들어 버리는 경우도 있는데, 이러한 것을 관찰하는 것은 상품관리 측면에서 되돌아보게 합니다. 이렇게 고객의 입장에서 경험을 하는 것에 의해 고객 지향의 경영이 시작되는 것입니다.

신선도가 떨어진 절화를 판촉물로 이용하는 것은 손실회피와 판매촉진이라는 이중의 효과를 얻을 수 있습니다. 판매촉진에 이용하는 방법은 다음의 세 가지가 있습니다.

① 꽃집을 방문하여 구입하는 고객에게 신선도가 떨어진 상품이라는 것을 알리고 선물로 제공하는 방법
② 꽃집 앞을 통행하는 사람에게 무료로 제공하는 방법
③ 거래처에 선물하는 방법

신선도가 떨어진 꽃을 꽃다발로 만들어 방문 구입 고객에게 선물하면 말려서 이용할 수 있기 때문에 고객의 호감을 사게 되고 다음에도 또 구입할 확률이 높아집니다. 거래처에서는 꽃집이 관심을 가져준 것에 대해 호의적으로 생각하여 계속적인 거래를 하기 쉽고, 미수금이 있는 경우에는 수금하기도 수월해집니다.

꽃집 앞을 통행하는 사람들은 꽃의 잠재고객이라 할 수 있습니다. 그렇지만 구입경험자들은 예상외로 적기 때문에 꽃을 무료로 나눠주면 좋은 인상을 주어 구매비율을 높일 수 있습니다. 또 꽃집의 존재를 알리는 것만으로도 효과가 있습니다.

Key Point

- 재고 상품의 관리와 활용은 꽃집의 이미지에 많은 영향을 미친다.
- 재고 상품은 판촉물과 상품에 대한 재배나 관리 경험을 쌓는 비용으로 전환시킬 수가 있다.

43.
꽃집 전체를 입체적으로
활용하고 있는가

  꽃집은 다른 업종의 가게보다 마진율이 높다고 말하는 분들이 있습니다. 그러나 경영 분석을 해서 다른 업종과 비교해 보면 꽃집의 수익은 보통이거나 보통보다 조금 낮은 편에 속합니다.

그 이유는 평당 생산성이 낮기 때문입니다. 그래서 시내 중심상권에서는 작은 규모의 꽃집이 영업을 할 수 있으나 규모가 큰 꽃집을 운영한다는 것은 사실상 어렵습니다.

만약 시내 중심상권에서 규모를 크게 하면 판매량과 이익의 증가에 비해 가게세의 지출이 더 많아 경영의 효율성이 낮아지게 됩니다. 매장의 적정규모는 매장을 넓혀도 더 이상 이익이 발생하지 않는 면적을 말하는데, 시내 중심상권의 경우 소규모 꽃집에서는 영업이익이 발생하지만 규모가 커지는 것만큼의 매출이나 이익증가가 이루어지지 못하는 것입니다.

따라서 적정규모의 매장을 효과적으로 이용하기 위해서는 평당 생산성을 높여야 합니다. 주어진 면적에서 평당 생산성을 높이면 그만큼 이익이 되는 것이므로 가게 내부를 입체적으로 활용할 수 있어야 합니다.

  특히 가게세가 비싼 지역에서는 평당으로 계산하여 임대료를 지불하는데, 매장 안의 통로나 기둥, 벽에도 이미 임대료를 내고 있는 셈이므로 이 공간을 최대한 활용하여 상품을 팔아야 합니다. 또 임차면적에 포함되지 않는 매장 바깥쪽의 벽이나 기둥도 최대한 활용하면 활용한 만큼 이익이 되는 것입니다.

44.
매출일계표를 작성하고 있는가

매출일계표라는 것은 매일의 매상을 상품별, 주문자별, 판매방법 등으로 구분하여 종합한 일람표입니다. 매출일계표는 매일 작성해야 하므로 의식과 끈기가 없으면 힘든 일입니다.

해봤자 내일의 매상이 느는 것도 아닌데 헛일한다고 생각할 수도 있습니다. 그러나 매출일계표는 그 수고가 헛되지 않게 위대한 힘을 발휘합니다.

꽃집 경영주들은 장사를 몇 년 했다는 경험만 믿고 이런 매출일계표보다는 오히려 자기의 주먹구구식 계산을 믿는 경우가 많은 것 같습니다. 그러나 경험만 믿을 것이 아니라 과학적인 계수방법에 따라 꾸준하게 매일의 상품 판매수량을 기록하면 후일의 실패를 막고 번영의 열쇠를 가질 수 있습니다.

꽃은 계절과 기념일 그리고 각종 행사에 따라, 혹은 날씨에 따라서 가격이나 매출의 변화가 큰 상품입니다. 가격이나 매출의 변화 폭이 크다는 것은 그만큼 수요에 대처하는 것이 쉽지 않다는 것을 말합니다. 이를 뒤집어 생각하면 변화에 효율적으로 대처하면 그만큼 이익이 많이 남는다는 것을 의미합니다.

따라서 매출일계표에 매일의 품목별 판매수량과 매출금액, 꽃 가격, 고객 정보, 기후, 정치, 경제사건, 유명인사의 죽음, 디스플레이 변경 등을 적어 두어 자료로 활용해야 합니다. 이렇게 매출일계표를 작성해 보면 그 다음 해부터는 이것이 가장 믿을 수 있는 판매지침이 됩니다.

어떤 상품이 어느 때에 잘 팔리고, 기후나 기온이 판매에 어떤 영향을 미치는가를 알 수 있습니다. 또 기념일의 매출량을 예상하는 것이 가능하며, 여러 가지 자료에 기초해서 구매계획에서부터 인력 활용까지 합리적으로 할 수 있고, 판매촉진에도 크게 도움이 됩니다.

Key Point

- 매출일계표 작성은 매일의 업무와 매출 상태를 점검하게 한다.
- 매출일계표는 꽃집의 특성에 맞는 매입 및 판매지침서가 된다.
- 가능하면 PC와 관련 프로그램을 갖춰 놓고 상품이 팔리는 즉시 입력한다.

45.
한번 이용한 고객을 기억하고 세심하게 관리하는가

  '철의 왕'으로 불렸던 카네기는 어렸을 적부터 사업가적인 기질을 유감없이 발휘한 것으로 알려져 있습니다.

한 예로 그는 초등학교 시절 토끼를 몇 마리 사온 후 각각의 토끼에게 친구들의 이름을 붙여주었다고 합니다. 그러자 친구들은 자기이름이 붙은 토끼를 살찌우려고 열심히 풀을 뜯어다 먹였다는 일화가 있습니다. 카네기는 사람들이 자신의 이름에 대해 애착을 갖고 있다는 것을 어린 나이에 이미 파악했던 것입니다.

꽃집에서도 고객들의 이름을 외우는 것은 크게 도움이 됩니다. 이름을 외웠다가 불러주면 고객은 인간적인 친근감을 느끼게 됩니다. 설사 이름을 외우지 못하더라도 기억을 해준다면 이 꽃집이 자신에게 단골로 대우해 준다는 감정을 갖게 됩니다.

만약 몇 번이나 이용했는데도 기억을 하지 못하고 오고가는 행인을 대하듯이 친근감을 보여주지 않으면 고객은 실망감을 가질 것이며 거래처를 옮길지도 모릅니다.

따라서 한 번이라도 자기의 꽃집을 이용한 고객은 철저하게 기억하고 관리를 해야 합니다. 한 번 본 사람을 기억하는 것은 사람에 따라 다소 다르겠지만 의식을 갖고 노력하면 그리 어렵지 않습니다.

한 가지 방법을 알려 주겠습니다. 한 번 방문한 고객은 그 사람이 거리낌을 갖지 않는 범위 안에서 신상정보를 받아 두는 게 좋습니다. 쉬운 방법으로 고객의 명함을 받아 두거나 고객관리카드를 만든 다음 관련 사항을 적어 두고 그곳에 고객의 특징을 메모해 두면 쉽게 기억할 수 있습니다.

그렇게 해서 기억해 둔 다음 고객이 또 찾아왔을 때 친절하게 말을 건네 보세요.

"지난번에 ○○를 사셨죠?"

"그 아가씨와는 잘 되어 갑니까?"

"그날 꽃을 선물한 효과는 어땠습니까?"

이러한 말로 관심을 표시하면 대부분의 고객들은 응원군을 만난 듯 반가워하며 꽃집에 호감을 갖게 됩니다. 또 자신이 특별한 대우를 받고 있음을 느끼고 스스로 단골이 될 자세를 갖습니다.

단, 이 경우 주의할 점은 주변에 경쟁 꽃집이 많아서 그 고객이 다른 가게를 찾았다가 다시 왔더라도 싫은 내색을 하거나 서운한 감정을 표시해서는 안 된다는 것입니다.

언제나 한결같은 미소로 맞으며 '당신은 우리 가게를 찾을 때마다 특별대우를 받을 수 있다'고 느끼도록 해야 합니다.

46.
고객을 분류하여
각각의 특성에 맞게 대응하는가

    꽃집이 계속적으로 성장하고 고객들에게 외면당하지 않으려면 기존의 고객에게 더욱더 많은 만족을 주어야 합니다. 그러기 위해서는 주요 고객의 성향과 정보를 파악한 다음 각각의 상황에 맞게 대응하는 노력이 필요합니다.

꽃집의 고객을 분류할 수 있는 방법에는 여러 가지가 있습니다. 그런데 매출 확대와 마케팅 전략 수립 및 고객관리 측면에서는 고객을 구매 특징과 친밀도에 따라 분류하는 것이 중요합니다. 꽃을 구매하는 양과 빈도에 따라 고객을 다음의 표와 같이 구분할 수 있습니다.

고객들 개개인의 구매 행태에 대한 자료가 없다면 각각의 고객그룹별 구성비는 어떤지 생각해 보십시오. 과연 특별고객은 어느 정도 비율을 차지하고 있으며 그들에게 어떤 대응을 하고 있는지, 또 소비고객층은 비율이 얼마이며 그들에게 어떤 대응을 하고 있는지 등을 분석해 보세요.

만약 이렇다할 차별화된 대응을 하고 있지 않다면 다음의 표에서 서술한 대응책을 참고하여 실행해 보기 바랍니다.

고객분류	고객성향	대응책
불확실고객	가장 적게 쇼핑하며 구매단가도 낮다.	구매 잠재력의 유무를 구분한 후 구매잠재력을 개발한다.
빈번고객	구매는 자주 하지만 평균 구매액은 적다.	할인 등으로 구매를 자극한다. 또 고급상품이나 보다 비싼 상품 및 신상품과 서비스를 소개하여 평균 구매액을 높인다.
소비고객	구매는 자주 하지 않지만 평균 구매액은 많다.	금전적인 인센티브, 사은품, 할인쿠폰, 감사카드 등을 활용하여 자주 쇼핑하도록 유도한다. 또 쇼핑할 때 다양한 상품을 구매할 수 있도록 유도한다.
특별고객	자주 구매하며 평균 구매액도 많다.	인간관계를 조성하고 고객 위주를 지향하여 고정화시킨다. 또 감사 표시를 하며 가격할인 및 배달 등의 서비스를 제공한다.

고객을 꽃집과의 친밀도에 따라 분류해 보면 일반고객, 지인고객, 우인고객, 신자고객으로 분류할 수 있습니다.

이 중 우인고객과 신자고객은 다른 말로 고정고객이라고 하는데 매장 면적 1평당 10명의 고정고객을 확보하면 그 가게는 틀림없이 번창한다고 합니다. 입지조건이 나쁘고 상품을 골고루 갖추지 못해도 고정고객을 많이 확보하면 경영은 성공적인 것입니다.

따라서 우인고객이나 신자고객의 비율이 낮다면 일반고객을 지인고객으로, 지인고객을 친분이 있는 우인고객으로, 친분이 있는 고객을 신자고객으로 발전시켜 더욱 친밀한 관계를 유지하도록 해야 합니다.

47.
고객이 기다리는 시간을 최소화하고 있는가

　　사람이 가지고 있는 가장 소중한 자산은 시간이라고 해도 무리가 없을 것입니다. 옛날에는 "시간은 돈이다"라고 했지만 최근에는 "시간은 돈보다 훨씬 귀중하다"라고 말합니다.

　　현대인들은 이처럼 스피드 시대에 살고 있습니다. 정신없이 바쁘게 살아가기 때문인지 요즘 사람들은 기다리는 것을 무척 싫어합니다. 무슨 일을 하더라도 빨리 되는 것을 원합니다.

　　사진을 찍어도 즉석현상소에 필름을 맡기길 선호하고, 복권을 사더라도 즉석 복권을 많이 사고 있습니다. 꽃집도 예외일 수 없습니다. 고객의 귀중한 시간을 빼앗지 않도록 해야 합니다.

　　고객의 시간을 필요 이상으로 빼앗으면 새로운 유망고객을 고정고객으로 삼기 힘들고 기존의 고객들도 잃기 쉽습니다. 따라서 고객을 새로 확보하고 계속적으로 유지하기 위해서는 최선을 다해 일을 빨리 처리해야 합니다.

　　가령 고객이 장미꽃 30송이로 꽃다발을 만들어 달라고 했을 때, 다른 꽃집보다 포장이 예쁘면서도 제작시간은 짧아야 합니다. 그렇게 하기 위해서는 평소에 꽃다발을 만드는 데 또는 꽃바구니를 꾸미는 데 몇 분이나 걸리는지를 체크하고 더 예쁘게, 더 빨리 제작할 수 있도록 노력해야 합니다. 아울러 약속시간보다 늦게 꽃을 배달하는 일이 없도록 해야 합니다.

Key Point

- 고객의 귀중한 시간을 빼앗지 않도록 기다리는 시간을 최대한 줄인다.
- 꽃을 배달할 때는 약속시간을 철저히 지키도록 한다.

48.
고정고객 명단을
항상 가지고 다니는가

속담 중에 "소문난 잔치에 먹을 것 없다"는 말이 있습니다. 장사가 잘되고 드나드는 손님이 많은데도 실속이 없는 꽃집이 있는가 하면, 가게도 허름하고 드나드는 손님도 별로 없어서 장사가 될까 의심스러운 가게가 오히려 실속이 있는 경우가 있습니다.

외관상 보이는 것과는 달리 매출에 차이가 나는 것은 '고정고객의 많고 적음' 때문인 경우가 많습니다. 즉, 손님이 많이 드나드는 데도 실속이 없는 곳은 고정고객이 적기 때문입니다. 반면 손님이 적게 드나드는 데도 장사가 번성하는 이유는 방문고객은 적을지라도 고정고객이 많고 주로 전화로 구매하기 때문입니다.

꽃집에서 고정고객들은 특별한 일이 없는 한 다른 가게에서 사지 않기 때문에 가게를 번창하게 해주는 고마운 존재입니다. 또 고정적인 수요가 있으면서도 직접 방문하지 않고 전화로 주문하는 경우가 많아 쉽게 대응할 수 있습니다.

어떻게 보면 그들이 꽃집 경영주의 벌잇줄을 쥐고 있다고 해도 과언은 아닐 정도로 중요한 고객입니다. 그러한 고정고객은 꽃집의 고마운 존재이기도 하지만 인간인 이상 소홀히 대하면 다른 가게로 이탈하는 경우도 있으므로 세심하게 관리를 해야 합니다.

고정고객을 관리하기 위해서는 우선 관리해야 할 명단을 작성해야 합니다. 명단은 구입액이 많은 순서대로 하여 꽃집의 전체 평수에 20을 곱한 숫자만을 우선 정리해 보십시오.

이 명단을 황금보다 더 소중하게 생각하면서 명단에 있는 고객들에게는 특별대우를 해주고 친분을 더욱더 두텁게 하여 거래가 끊기지 않도록 해야 합니다.

고정고객을 유지하는 것은 새로운 고객을 끌어들이는 비용의 1/5밖에 되지 않는다는 사실을 언제나 기억해 두기 바랍니다.

49.
고객관리 시스템을 갖추고 있는가

요즈음 마케팅 분야에서는 '고객감동' 이라는 말을 자주 사용하고 있습니다. 고객감동은 고객만족이라는 개념보다 한 차원 높으며, 고객과의 친화력을 바탕으로 이루어지는 것입니다. 그래서 고객 한 사람, 한 사람의 특성과 꽃에 대한 취향을 파악해 두는 게 좋습니다.

이와 같은 관점에서 일부 꽃집에서는 데이터베이스 마케팅 전략을 사용하고 있습니다. 즉 고객의 이름, 나이, 주소, 직업, 생일, 결혼기념일, 소득 수준 등의 일반 정보와 주요 구매품목, 이용빈도, 좋아하는 꽃 등의 이용 정보를 컴퓨터에 입력하여 일대일(1:1) 서비스 전략을 펼쳐나가는 것입니다.

이것은 매우 바람직한 일입니다. 컴퓨터가 없을 때는 고객카드를 만든 후 결혼기념일에 축하전보를 보낸다든지 하는 식으로 꾸준히 관리를 하여 고객에게 감동을 준다면 고객의 고정화율을 높일 수 있을 것입니다.

50.
정기적으로 고객들에게 감사 표시를 하는가

우리가 어떤 백화점 카드를 가지고 그 백화점을 자주 이용하면 생일이나 결혼기념일에 축하엽서나 편지, 문자메시지를 받습니다. 백화점뿐만이 아닙니다. 많은 업체들이 고객에게 여러 가지 방법으로 감사의 표시를 하여 친밀감이나 유대감을 높이려고 안간힘을 쓰고 있습니다.

소비자 입장에서는 특정 꽃집만을 이용했는데 꽃집 측에서 감사 표시가 없으면 서운해 하거나 실망해서 고객을 예우해주는 다른 꽃집으로 옮기고 말 것입니다.

고객은 왕이라는 말이 있듯이 대접받고 싶은데 감사의 인사도 없다면 참을 수 없어 합니다. 때문에 연말이나 기념일에는 크리스마스카드, 연하장, 우편엽서, 기타 판촉물을 통해서라도 고객 개개인에게 감사의 표시를 하시길 바랍니다.

그러면 고객은 기뻐할 것이며 그 꽃집에서 계속 물건을 사야 할 것 같은 의무감 같은 것을 가질 것입니다.

4장

효과적인 마케팅과 판매
전략을 세워라

51.
주문접수증을 갖추고 있으며
이를 마케팅에 활용하고 있는가

 고객의 정보를 팔고 사는 시대에 살고 있는 요즈음 고객의
정보를 쉽게 입수할 수 있는 꽃집은 매우 축복 받은 업종입니
다. 우리나라 대부분의 꽃집에서 판매되는 꽃이라는 상품은 업무용과
선물용 비중이 압도적으로 높아 70% 이상이 배달되는 상품입니다.

배달 상품의 경우 납품을 위해서 주문접수증이 필요합니다. 주문접
수증에는 고객의 주소, 전화번호, 근무처는 물론 주문품목(꽃다발, 꽃
바구니, 난, 화환, 관엽식물 등), 가격, 용도(생일, 결혼기념일, 개업,
각 기념일, 승진, 결혼, 장의 등)와 더불어 받는 사람의 주소, 연락처
등을 기록하게 되므로 주문하는 사람과 꽃 선물을 받는 사람의 정보
그리고 관계까지도 자연스럽게 취득할 수가 있습니다.

이러한 정보들을 잘 활용하면 꽃집의 경영 효율을 상당히 높일 수
있습니다. 주문접수증을 단순히 배달을 위한 전표 내지는 수금 여부
를 확인하는 장부 정도로만 여기고 있었다면 지금부터라도 주문접수
증 양식을 다시 한 번 점검하고 기록된 것을 모으고 이를 분석하여 적
극적으로 활용해 보십시오.

주문접수증은 종이에 인쇄된 양식에 따라 주문하는 고객의 정보와 주문내역, 꽃을 받는 사람의 정보를 기록하는 방식이든, 인터넷상에서 쇼핑몰을 통해 주문을 받을 때 기록하는 방식이든 상관없습니다. 어느 방식이든 고객의 다양한 정보를 한눈에 알 수 있도록 양식을 만들어서 수집하십시오.

수집된 정보는 컴퓨터 고객관리 프로그램에 입력해 둡니다. 그러고 나서 추가로 이용할 때마다, 고객의 변동사항이나 꽃집에서 서비스를 한 내용까지도 입력해 두고 이를 종합적으로 분석하면 고객관리와 반복 구매율을 높이는 것, 상품을 제안하는 것, 홍보 등에 훌륭히 활용할 수 있습니다.

수집된 주문접수증은 고객의 개발이나 관리에 매우 유익한 수단이 됩니다. 특히 새로운 상품을 제안하고 반복 구매율을 높이는 데 효율적입니다.

예를 들어 김봉두 씨가 5월 15일에 A꽃집을 방문하여 5월 18일에 자신의 부인 생일 축하용으로 5만 원짜리 꽃바구니를 배달 의뢰하였다고 가정해 보겠습니다.

이때 A꽃집이 예약날짜에 맞춰 꽃을 배달하고 난 뒤 주문접수증을 없애거나 쌓아둔다면 김봉두 씨가 A꽃집의 고정고객이 아닌 이상 내년에도 부인의 생일 축하용 꽃을 A꽃집에서 구매할 확률은 낮아집니다.

하지만 주문접수증을 버리지 않고 분류하여 고객관리 프로그램에 입력해 두면 김봉두 씨는 부인 생일에 어떤 꽃을 얼마 정도 구매하며, 며칠 전쯤에 예약한다는 것이 파악됩니다.

이렇게 분석 자료를 통해 도출된 상품을 가지고 내년 5월 15일 이전에 이메일이나 DM, 휴대폰 문자메시지를 통해 김봉두 씨에게 부인의 생일 축하용 꽃을 제안할 수 있게 됩니다.

그러면 그가 꽃을 살 의사는 있되 확실하게 거래하는 꽃집이 없을 경우 A꽃집에 주문할 확률이 높아집니다. 또 생일을 잊었거나 어떤 선물을 살 것인지 고민하고 있을 경우 A꽃집에서 부인의 생일을 상기시켜 주고 꽃과 선물을 제안함으로써 A꽃집에서 제안하는 상품으로 선택하도록 유도할 수 있습니다.

Key Point

- 주문접수증은 업무의 효율성을 높이기 위한 자료뿐만 아니라 고객의 정보를 입수하는 중요 수단이 된다.
- 주문접수증은 고객관리뿐만 아니라 제안판매의 좋은 자료가 된다.

52.
방문객에게 명함이나 홍보물을 건네주고 있는가

꽃집을 방문한 손님은 가장 좋은 영업대상입니다. 적어도 한번쯤은 꽃을 사는 사람이기 때문에 앞으로도 살 가능성이 많은 고객이기도 합니다.

많은 꽃집 가운데 그 가게를 선택한 것은 이유야 어떻든 가게를 어필할 수 있는 기회를 준 것이므로 상품이나 서비스 등 모든 면에서 최대한으로 어필하고 다음의 거래로 연결되도록 해야 합니다.

꽃집에서는 책받침이나 카탈로그 등의 홍보물을 제공하거나 명함을 건네주면 다음 거래에 연결되도록 하는 데에 효과적입니다. 그렇다고 해서 명함이나 홍보물을 강제적으로 주면 곤란하므로 자연스럽게 주어야 합니다.

고객이 방문하여 선물용 꽃을 주문한 경우 포장하는 동안 잠시 기다리게 됩니다. 이때를 잘 이용하길 바랍니다. 꽃을 건네줄 때 "오랫동안 기다리게 해서 죄송합니다. 다음부터는 오시기 전에 전화를 주시거나 배달을 의뢰하시면 더욱더 편리합니다"하면서 자연스럽게 명함이나 홍보물을 건네면 됩니다.

특히 젊은 사람이 사랑의 선물용으로 꽃을 구입할 때는 그 시기에 꽃 구입이 집중되므로 반드시 명함을 주기 바랍니다. 명함은 돈이 좀 들더라도 버리기에는 아까울 정도로 예쁘고 깜찍하게 디자인되어 있는 것이라면 더욱 좋습니다. 명함 한 장으로 괜찮은 이익만 보장된다면 제작비용 따위는 문제도 되지 않으니까요.

그리고 명함을 건네주면 손님 측에서도 자신의 명함을 주는 경우가 많은데 이 명함들은 고객관리 자료로 훌륭하게 활용할 수 있습니다.

Key Point

- 방문고객에게 명함이나 홍보물을 건네주면 다음 거래로 연결되는 효과를 얻을 수 있다.
- 명함을 주고받는 것에 의해 자연스런 홍보를 할 수 있고, 고객의 정보도 수집할 수 있다.

53.
꽃배달을 최대한 홍보 기회로 활용하는가

꽃집에서 꽃배달은 고객에 대한 배달 서비스라는 업무 외에 영업이나 홍보의 기회로 삼는다는 측면에서 중요한 의의가 있습니다. 보통 영업이라고 하면 별도로 시간을 내서 하는 것이라는 생각을 하는 분이 많은데 업무 중에 자연스럽게 할 수 있습니다.

꽃배달의 경우는 우선 배달하기 전에 받을 사람에게 전화로 꽃집의 상호와 배달 용건을 상냥하게 알림으로써 일차적인 홍보를 할 수 있습니다.

상품을 전달할 때는 정성껏 제작한 상품과 함께 가게를 홍보할 수 있는 로고가 인쇄된 메시지 카드, 인수증, 증정용 카드, 상품 카탈로그 등을 건네주어 꽃이 필요할 때 거래가 이루어질 수 있도록 영업을 할 수 있습니다.

또 꽃을 받는 분이 생일이나 결혼기념일을 맞이했다면 꽃을 보내는 고객과는 별도로 꽃집 측에서 조그마한 선물이나 정성어린 축하 메시지가 담긴 카드를 첨부해서 증정한다면 홍보 효과를 크게 얻을 수 있을 것입니다.

배달하는 사람은 태도를 예의바르게 하고 신뢰감을 주는 옷차림을 해야 합니다. 그래야만 고객들은 배달하는 사람의 단정함과 깨끗함을 보고 무의식적으로 신뢰할 수 있는 꽃집이라고 생각하기 때문입니다.

따라서 꽃배달을 주문 상품의 전달에 그치지 말고 꽃집 홍보의 기회로 최대한 활용하기 바랍니다. 조금만 관심 갖고 신경 쓰면 꽃집 홍보와 함께 이미지도 상승시킬 수 있습니다.

Key Point

- 꽃을 주문하는 사람이나 꽃을 받는 사람에게 홍보할 수 있는 것이 꽃배달이다.
- 꽃배달하는 사람의 복장이나 태도, 방법도 상품이자 홍보 수단이 된다.

54.
차량을 홍보에 이용하고 있는가

꽃배달 차량은 굉장한 광고 가치를 지닌 움직이는 광고물입니다. 그래서 전문 광고업체에 차량광고를 의뢰하면 차량한 대당 매월 20만~30만 원의 광고료를 내라고 합니다.

따라서 자신의 차에 가게를 어필할 수 있는 광고문안을 붙이면 한 달에 20만~30만 원을 버는 것입니다. 차가 두 대라면 40만~60만 원을 버는 것입니다.

차량을 광고에 이용하는 것에 대해 소홀히 넘기지 않기를 바랍니다. 지금 소유하고 있는 차량에 자기 꽃집을 광고하는 디자인이 없다면 활용 방안을 고려해 보십시오.

55.
독창적인 판촉활동을
지속적으로 하고 있는가

 경영에는 현상유지란 없습니다. 발전이냐, 아니면 쇠퇴의 길을 가느냐 하는 것만 있을 뿐입니다. 시장은 항상 유동적이고 고객의 취미나 기호는 늘 변하므로 판매촉진 활동으로 새로운 고객을 끌어들이지 않으면 안 됩니다.

판매촉진 활동에는 접객이나 배달 등에 관한 것, 전단 광고나 교통 광고 등의 광고 선전에 관한 것, 계절이나 기념일에 따른 상품 캠페인 행사 개최 등 다양한 것들이 있습니다.

그렇지만 다른 가게나 다른 업종의 가게에서도 다양한 형태로 판매 촉진 활동을 하고 있기 때문에 소비자들은 이런 활동에 어느 정도 불감증을 보이고 있습니다.

기존의 홍보방법에서 벗어나 새로운 시도를 해보십시오. 이를테면 스티커를 제작할 때 통상적인 방법대로 자기 가게만을 넣어 만들지 말고 그 지역에서 인정받고 있는 음식점, 다방 등의 점포와 공동으로 홍보하는 스티커를 만드는 것은 어떨까요? 아마 훨씬 큰 홍보 효과를 얻을 수 있을 것입니다.

"잘되는 꽃집에 가보니 홍보물을 많이 돌리더군요. 그래서 나도 큰마음 먹고 홍보물을 제작하여 돌렸는데 홍보물 제작비도 안 나왔습니다."

어떤 꽃집 경영주가 이렇게 하소연하는 것을 들었습니다. 그런데 이와 같은 경우는 흔히 있는 일입니다. 그분은 잘되는 꽃집도 처음에는 자신처럼 그러한 과정을 밟았다는 사실을 인정하지 않은 채 현재의 상태만 보고 판단한 것입니다.

홍보물을 한두 번 돌려서 좋은 효과를 본다면 그렇게 하지 않을 꽃집이 어디 있겠습니까? 누가 얼마나 효과적인 방법으로 끈기 있게 하느냐에 따라 잘되고 못되는 것이 결정되는 것입니다.

56

판촉활동 스케줄을 작성하여
실천에 옮기고 있는가

꽃집 업계는 비교적 적극적으로 판매촉진 활동을 하는 편입니다. 그렇지만 연 단위로 '판매촉진 활동 계획표'를 작성한 다음 그 스케줄에 따라 실천하는 곳은 그다지 많지 않습니다.

다시 말해서 무계획적이고 주먹구구식으로 판촉활동을 하는 꽃집이 상당수를 차지하고 있습니다. 이러한 판촉활동은 큰 효과를 기대하기가 어렵습니다. 판촉활동은 계절이나 기념일 및 고객의 특성을 최대한으로 파악한 다음 치밀한 계획을 세우고 그 계획에 따라 실천할 때 효과가 높아집니다.

실제로 월 1억 원 이상의 매출을 올리고 있는 꽃집 경영주 몇 분을 만나 이야기를 나눠 보니 세 가지 공통점이 있었습니다. 즉 ① 연 단위로 판촉활동 계획표를 작성해 놓고 실천한다는 점, ② 상품관리를 철저하게 한다는 점, ③ 고객관리를 세심하게 한다는 점이었습니다. 이렇듯 상품과 고객관리 못지않게 판촉활동을 계획적으로 하는 것이 중요함을 알 수 있습니다.

현재 판매촉진 활동을 안 하거나 상황에 따라서 하는 꽃집의 경우

일단 계절, 기념일에 대응하기 위한 판매촉진 활동 계획을 세우고 실행해 보세요.

단골 고객이 꽃을 구입했던 기념일(생일, 결혼기념일 등)을 기록해 둔 것이 있다면 이것을 월별로 정리한 다음 판매촉진 활동 계획을 세워 체계적으로 실행하기 바랍니다.

57.
기념일 등 특별한 날에
판촉활동을 꼭 하는가

옛날에는 졸업식이나 어버이날 등과 같은 기념일 외에는 꽃의 수요가 많지 않았기 때문에 꽃집의 수가 적었습니다. 그 때문에 꽃집에서는 평상시 매출은 적었지만 기념일에는 소비자의 주문에 미처 대응하지 못할 정도로 수요가 많았습니다. 그래서 비수기인 달이 많아도 기념일의 판매량 덕분에 연매출을 놓고 보면 그런 대로 이익이 남았습니다.

요즘은 예전과 달리 꽃 소비가 상당히 일상화되었습니다. 이에 따라 꽃집의 숫자도 크게 증가하였기 때문에 기념일이 되어도 소비자가 각각의 꽃집으로 분산되어 예전처럼 판매가 집중되는 현상은 나타나지 않고 있습니다.

그래서 기념일이 되어도 매출이 비수기의 매출 감소를 대체하고 남을 만큼 되기는 어려운 실정입니다. 따라서 기념일에 매출을 확대시키기 위해서는 예전처럼 고객을 집중화시킬 수 있는 전략이 필요합니다.

고객을 집중화시키려면 꽃집 숫자를 줄여 고객이 선택할 수 있는 폭을 좁혀야 하는데, 이는 현실적으로는 불가능한 방법입니다. 많은 꽃집 중에서 꽃을 구입하는 가게를 한정시키는 방법밖에 없습니다.

그러자면 자신의 꽃집이 튀어서 선택받을 수 있도록 해야 합니다. 튀는 방법은 고객들에게 강하게 메시지를 보내 어필하는 것입니다. 즉 고객이 기념일에 자신의 가게에서 꽃을 사도록 유도하는 것입니다.

그러기 위해서는 현수막을 걸거나 전단지를 돌리는 등 철저한 판촉활동으로 다른 꽃집보다 적극적인 메시지를 고객에게 보내 다른 가게와 차별화하여 고객이 자신의 꽃집으로 오도록 해야 합니다.

58.
영업대상 리스트를
항상 가지고 다니는가

꽃집 경영도 다른 사업과 마찬가지로 확대하느냐 아니면 축소되느냐 하는 두 가지 중의 하나밖에 없다고 생각합니다. 현상유지도 있지 않느냐고 하시겠지만 현상유지를 목표로 삼으면 매출과 경영이 축소되는 결과를 낳을 수 있습니다. 또 꽃집의 운영에 있어서 경비가 자연스럽게 증가하는 것은 피할 수 없습니다.

경영 확대를 목표로 삼지 않으면 계획단계에서부터 과거에 축적해 놓은 성과를 감소시키는 것으로 계산을 맞추는 것이 됩니다. 그러므로 언제나 지속적인 생존을 목표로 삼지 않으면 안 됩니다.

지속적인 생존과 확대를 위해서는 우수한 고객을 많이 늘려야 합니다. 꽃집은 고객수가 계속 늘어야 확대되고 성장하므로 계획을 갖고 고객을 개척해야 합니다.

고객을 개척하기 위해서는 우선적으로 개척할 고객수나 개척 대상에 대한 목표를 월별로 세워야 합니다. 그런 다음 그 대상에 대한 정보를 수집한 후 본격적으로 개척하여 고정고객으로 만들어야 합니다.

그렇게 하려면 어떤 일이 있어도 이 업체와 이 사람만큼은 언젠가는 내 고객으로 만들겠다는 계획을 갖고, 리스트를 우선순위별로 작성한 다음 늘 가지고 다니면서 실천에 옮겨야 합니다.

달걀을 깨지 않으면 오믈렛을 만들 수 없듯이 아무리 훌륭한 계획이 있어도 실천이 따르지 않으면 소용이 없습니다. 한 번이라도 해보는 것이 중요합니다. 실천이 반복될수록 기대 이상의 효과를 거둘 수 있습니다.

Key Point

- 꽃 수요가 많은 기념일은 단기간에 적은 노력으로 큰 효과를 거둘 수 있는 기회이다.
- 기념일에는 철저한 판촉활동으로 고객을 집중화해야 한다.

59.
경영주의 이력을
판촉에 활용하고 있는가

　　누구나 살아온 만큼의 이력이 있는데, 그것은 그 사람에게 있어 중요한 자산이 될 수 있습니다. 주위를 보면 자신의 이력을 활용하지 못하는 분들이 꽤 있습니다.

　이유는 여러 가지가 있겠지요. 그동안 올바르게 살아오지 못한 분들은 과거를 생각하기 싫을 것이고, 과거에 잘나가던 사람이 현재 그렇고 그렇다면 체면을 내세울 것입니다. 또 과거에 했던 일이 현재 하는 일과 달라서 그럴 수도 있습니다.

　그러나 이력은 좋으면 좋은 대로, 나쁘면 개선한다는 의미에서 현재의 일과 결부시켜 활용해봄직하다고 생각합니다. 꽃집을 홍보하는 데에 이력을 활용해 보세요.

　경영주나 직원이 플라워디자인 경진대회에서 입상했거나 매스컴에 등장했다면 그 내용들을 가게 내부에 부착해 두든지, 홍보물에 나타내어 고객들이 신뢰감을 갖도록 활용하면 좋습니다.

　또한 그동안 알고 지내온 사람들에게 자신이 꽃집을 하고 있다는 것과 꽃을 구입할 일이 있으면 자신에게 주문하라는 메시지를 최대한으로 알려야 합니다.

꽃집을 하기 전에 회사에 근무했다면 동료직원이나 업무상 알고 지냈던 사람들에게 현재 자기가 꽃집을 하고 있다는 것을 최대한 홍보하여 그들을 고객으로 만들어야 합니다.

과거에 좋은 회사, 좋은 자리에 있었다고 해서 체면 때문에 다른 사람들에게 자기의 가게를 홍보하는 데 소극적인 경우가 있습니다. 그래서는 발전이 없습니다.

생전 모르는 사람을 고정고객으로 만들려면 많은 노력이 필요하지만 조금이라도 아는 사람을 고객으로 만들기는 한결 쉽습니다. 그러므로 체면이나 자존심에 구애받지 말고 미래를 위해 이력을 최대한 활용해야 합니다.

60.
수요처와 고객을
적극적으로 개발하고 있는가

 꽃집에서 근무하다 보면 귀찮을 정도로 찾아오는 많은 업종의 영업사원들을 만날 것입니다. 예전에는 기껏해야 자동차나 보험에 관련된 사람들 정도였는데 최근에는 그 수를 헤아릴 수 없을 정도로 많은 품목을 팔러 다니고 있습니다. 이러한 것을 불황 때문이라고 보는 사람도 있지만, 사실은 상품을 넉넉히 준비해서 가게에 진열해 놓기만 하면 팔리던 시대가 지났기 때문이라고 해석됩니다.

시대의 흐름이 이러한데도 많은 꽃집들이 벌이 꿀을 얻기 위해 이 꽃 저 꽃 찾듯이 분주히 움직여서 손님을 찾아내고 수요를 만들기보다는 마치 식물과 같이 움직이지 않고 장사를 하고 있습니다.

물론 가게 주변에 어느 정도의 수요가 있어서 특별히 영업을 하지 않아도 일정 분량은 자동적으로 판매할 수 있는 꽃집도 있습니다. 하지만 언제까지나 그렇게 꽃집을 유지할 수 있을 것으로 생각해서는 안 됩니다. 미래에 계속해서 발전한다는 보장이 없기 때문입니다. 적극적인 사고방식으로 창조적 판매를 하는 경쟁 꽃집에게 고객을 빼앗길 수도 있으므로 마음을 놓지 말아야 합니다.

61.
가게 밖에 상품을 적극적으로 진열하고 있는가

차를 타고 갈 때 꽃집의 존재를 다른 업종에 비해 쉽게 알 수 있습니다. 그 이유는 꽃집 밖에 진열된 상품 때문입니다.

이처럼 꽃집 밖에 진열된 상품은 꽃집 존재를 쉽게 알 수 있게 할 뿐만 아니라 입간판보다 가게의 존재를 강하게 나타내어 고객을 끌어들이는 데 크게 도움이 됩니다.

또 가게 밖의 진열장은 통행인들에게 쇼윈도 역할을 합니다. 다른 상품의 경우 가게 밖에다 진열하면 거리가 비좁아지고 어수선해 통행인들의 불평이 많아지게 됩니다.

그러나 꽃은 오히려 통행인들의 시선을 붙잡고, 피로에 지친 사람들에게 여유를 주는 효과가 있어서 고객에게 피해를 주지 않으면서도 자연의 힘으로 잠재고객을 유인하는 역할도 합니다.

더욱이 가게 밖에다 진열을 해놓으면 어떤 종류의 꽃과 식물이 있는지 보게 되고, 분경이나 벽걸이 등 다양한 상품을 행인들에게 부담 없이 노출시킴으로써 제안판매 기능을 갖게 됩니다.

이와 같이 가게 밖에 상품을 진열하면 상품의 진열공간을 넓게 활용해 많은 상품을 갖추고 판매할 수 있으며, 소비자들의 구매의욕을 적극적으로 자극하여 매출 향상 효과를 볼 수 있습니다. 그러므로 가게 밖에도 상품을 적극적으로 진열하여 판매하기 바랍니다.

가게 밖에다 상품을 진열할 때는 가능한 통행인들에게 불편을 주지 않는 범위 내에서 통행인의 시선을 끌 수 있는 것으로 하되 계절을 나타내는 식물, 새롭고 진귀한 품종, 실외에서 잘 자라며 광이나 바람, 온도 등의 요인에 의해 피해를 적게 입는 품목으로 하는 게 좋습니다.

상품들을 가급적 대량으로 풍성하게 진열해 놓으면 소비자들의 시선을 쉽게 끌 수 있습니다. 또 가게 밖에까지 많은 양을 진열함으로써 상품의 구색이 좋고 저렴하게 파는 꽃집으로 인식시킬 수 있습니다.

Key Point

- 가게 밖에 진열해 놓은 꽃은 통행인들에게 쇼윈도 역할을 한다.
- 가게 밖에 꽃을 진열해 놓으면 소비자들의 구매욕을 자극시키고, 꽃집의 존재를 확실하게 인식시킬 수 있다.

62.
기술력을 고객들에게 시각적으로 표현하고 있는가

꽃집 업계에서는 "실력 따로, 장사 따로"라는 말이 있습니다. 이러한 말을 증명하듯 꽃이나 플라워디자인에 대해 오랫동안 공부하고 업계 내에서도 실력을 인정받는 분들이 꽃집 경영에서는 고전(苦戰)을 겪는 경우가 꽤 있습니다.

왜 꽃집 업계에서 알아 줄 정도로 실력 있는 분들이 운영하는 꽃집들은 소비자들로부터 제대로 인정을 받지 못한 반면, 플라워디자인에 대한 깊은 지식이 없는 꽃집들은 소비자들로부터 더 좋은 반응을 얻는 경우가 생길까요?

기본적으로는 꽃집 업계 측에서 소비자들에게 꽃을 보는 눈, 좋은 상품을 선택할 수 있는 자료를 제공하는 데 소홀했기 때문이라고 생각합니다.

소비자들은 좋은 상품을 싸게 구입하고 싶지만 좋은 상품에 대한 기준이 모호하고, 또 받는 사람도 좋은 상품에 대한 지식이 적기 때문에 선물하기 위해 사는 사람도 굳이 좋고 나쁜 것을 적극적으로 구별하여 사지 않고 있는 실정입니다.

또 어떤 소비자들은 상품보다 접객을 어떻게 하느냐에 따라 경영주나 디자이너의 실력을 평가하기도 합니다. 이러한 원인은 소비자가 꽃집을 선택할 때 그곳의 경영주의 실력을 알지 못하기 때문이기도 합니다.

그러므로 꽃집 업계에서는 소비자들이 플라워디자인이나 꽃 상품에 대해 보는 눈을 높여 줄 필요가 있습니다. 꽃집 경영주나 디자이너가 실력이 있다면 그 실력을 소비자들이 시각적으로 볼 수 있도록 표현을 해야 할 것입니다. 그 방법은 다음과 같습니다.

① 자격증이나 수료증, 꽃 관련 단체의 직위를 나타내는 증명서 등을 액자에 넣어 가게 내애 걸어둔다.
② 유명 콘테스트에 입상한 작품이나 수상 장면을 액자에 넣어 걸어둔다.
③ 유명 호텔, 결혼식장, 백화점 등에서 장식한 사진을 액자에 넣어두거나 실사(實寫) 출력한 것을 가게 내·외부에 붙여 놓는다.
④ 플라워스쿨 강사나 관련 단체에 출강하고 있다면 강습하는 장면을 확대하여 액자에 넣어서 걸어둔다.
⑤ 잡지 등에 작품이 게재된 작품 등 매스컴에 소개된 사진이나 기사 등 실력을 증명할 수 있는 것들을 확대하여 전시한다.
⑥ 생화나 조화 등으로 기술력을 나타낼 수 있는 상품을 제작하여 전시한다.
⑦ 꽃 포장한 것을 다양하게 진열해 둔다.

63.
홍보물과 홈페이지를
잘 활용하고 있는가

꽃집에서는 갈수록 통신주문 비중이 커지다 보니 다른 업종에 비해 많은 홍보물을 제작하여 활용하고 있습니다. 꽃집에서 많이 활용하고 있는 홍보물은 스티커, 꽃 책받침, 마우스패드, 주차안내증 등 다양합니다.

어느 꽃집이든지 간에 방문해 보면 판촉물 한두 개는 흔히 볼 수 있습니다. 꽃집에 홍보물이 있다면 '아, 이 꽃집은 판매촉진 활동을 열심히 하는구나' 하는 생각이 들고 호감이 갑니다.

그런데 일부 꽃집에서 준비해 놓은 판촉물은 많은데, 먼지가 가득 끼어 있을 정도로 제작된 지가 아주 오래된 경우를 목격하기도 합니다.

판촉물을 많이 준비한 것은 분명 열심히 판촉활동을 하기 위해서였을 겁니다. 그 꽃집 경영주가 판촉물을 준비할 당시의 마음과는 달리 점점 나태해지고 판촉활동에 소극적이 되어 제대로 활용되지 못하고 재고가 쌓인 것입니다.

지금 자신의 꽃집에 몇 개월 또는 몇 년이 된 홍보물이 있다면 적극적인 마음자세로 판촉활동에 활용해 보기를 권합니다. 제작한 홍보물은 돈을 주고 구입한 것이므로 이를 활용하지 않으면 손실로 됩니다.

또 물질적인 손실도 손실이지만 소극적인 경영주의 마음가짐에 문제가 있다고 봅니다. 한번 점검해 보고 오래된 것이 있다면 마음을 다시 추슬러서 적극적으로 활용하기 바랍니다.

홈페이지도 마찬가지입니다. 꽃집의 홈페이지는 꽃집의 존재와 함께 상품을 알리고, 인터넷으로 구입할 수 있게 합니다. 홈페이지에 따라서는 꽃과 원예에 대한 다양한 정보를 제공하고, 고객의 정보를 수집하는 역할도 하므로 다용도로 활용할 수가 있습니다.

그런데 홈페이지를 의욕을 갖고 제작만 해놓았을 뿐 그대로 방치해둔 꽃집이 허다합니다. 그냥 방치해두면 온라인 판매도 안 될 뿐만 아니라 홍보 효과도 기대하기 어렵습니다. 게다가 홈페이지 제작비를 비롯해 도메인비, 호스팅비, 월관리비 등 결코 판촉활동비라 할 수 없는 비용이 계속해서 나갑니다.

꽃집의 경쟁력은 매출액을 높이는 것과 함께 리스크를 최소화하는데 있습니다. 이러한 점을 고려하여 사용하지 않는 홈페이지를 폐쇄하거나, 아니면 생산성 있는 홈페이지가 되도록 해야 합니다.

Key Point

- 홍보물은 일정 기간 내에 소모될 수 있도록 적극적으로 활용한다.
- 홍보물과 홈페이지는 제작만으로 끝내는 것이 아니라 적극적으로 활용할 때 그 효과가 나타난다.

64.
제안판매를 활성화하고 있는가

제안판매는 '상품을 제안하는 것'과 '구매를 적극적으로 제안하는 것'으로 구분할 수 있습니다.

상품을 제안하여 판매하는 것에는 계절에 맞는 상품, 새로운 상품, 용도에 따른 상품을 인터넷 쇼핑몰 및 홍보물에 소개하는 방법이 있으며, 상품을 쇼윈도에 진열하여 가게 앞을 지나다니는 사람이나 운전자 등 잠재적인 고객에게 제안하고, 입점(入店)과 구매를 자극해 잠재고객을 현재고객으로 변화시킬 수 있습니다. 또 전화상담이나 방문한 고객을 대상으로 전문가로서 용도에 적당한 상품을 제안하여 새로운 상품 판매를 촉진시키고 매출액을 향상시킬 수도 있습니다.

가령 자신의 여자친구 생일 선물용 꽃을 구매하기 위해 방문한 고객이 어떤 것을 구입할지 망설이고 있을 때 생일을 맞이한 사람의 탄생화에 대한 정보를 알려주면서 탄생화로 "이러이러한 형태의 꽃 장식품을 제작해 드릴 테니까 이러이러한 분위기에서 선물해 보십시오" 하고 제안을 한다면 쉽게 구매하는 경우가 많습니다. 그러므로 관련 지식을 축적하고 제안판매를 적극적으로 해보세요. 상당한 효과를 얻을 수 있습니다.

상품을 제안하는 것은 인터넷의 발달에 의해 활용 폭이 더욱 넓어지고 있습니다. 인터넷의 특징 중의 하나는 물리적 거리개념을 뛰어넘어 정보를 공유할 수 있다는 점입니다. 일례로 꽃바구니라는 상품을 놓고 멀리 떨어져 있는 주문자와 공급자(꽃집)의 의견 교환이 영상을 통해 가능합니다. 주문자가 원하는 상품을 디자인하여 공급자에게 요구할 수도 있습니다. 이와 반대로 공급자가 수요자의 상황(프로포즈용, 생일용 등)에 맞는 상품을 제안할 수도 있습니다. 따라서 맞춤형이나 제안상품의 수요 증가를 도모할 수 있습니다.

제안판매는 방문이나 통신주문을 하는 고객들을 대상으로 하는 소극적인 제안판매보다는 축적된 고객의 정보를 바탕으로 구매를 유도하는 적극적인 제안판매가 매출 향상 측면에서 더 효율적입니다.

예를 들어 하루에 생일꽃바구니를 2개씩 배달한다고 하면 반년이면 36개, 1년이면 730개, 2년이면 1,460개의 고객 정보를 축적할 수 있습니다. 이 정보를 활용하여 1년 뒤에 생일꽃바구니를 구매한 고객에게 메일이나 DM 등을 보내 상품을 제안하면 구매비율을 높일 수 있습니다.

이는 매년 같은 주문이 기대되는 정보이기 때문입니다. 고객 지향의 제안판매는 고객의 문제(기념일을 잊어버리는 것 등)를 해결하는 영업이자 고객을 고정고객으로 전환시키는 실제적인 방법이기도 하므로 적극적으로 활용해 매출을 향상시켜 보십시오.

Key Point

- 고객 지향의 제안판매는 영업활동 이전에 고객 서비스의 한 방법이다.
- 제안판매의 활성화는 판매 상품을 다양화하는 데 큰 역할을 한다.

65.
예약판매율을 높이고 있는가

꽃의 수요에는 예정된 수요와 갑자기 발생하는 수요가 있습니다. 잘 알다시피 예정된 수요는 생일, 환갑, 결혼식, 결혼기념일, 수상식 등 미리 날짜와 시간이 정해진 것들입니다. 갑자기 발생하는 수요는 사랑을 전달하는 즉석 선물용과 근조용 꽃이 대표적인 것입니다.

일반적으로 꽃집에서는 예정된 꽃의 수요가 갑작스런 수요보다 더 많은 편입니다. 그런데도 꽃집에서는 예정된 수요나 갑작스럽게 발생하는 수요에 효율적으로 대응하지 못하고 있는 경우가 많습니다.

서울 종로에 있는 어떤 꽃집을 가정하여 예로 들어 보겠습니다. 이 꽃집에 오전 11시까지 청량리로 결혼기념일을 축하하기 위한 꽃바구니를 배달해 달라는 주문이 아침 9시에 들어왔습니다.

그래서 꽃바구니를 만들어 10시에 출발시켰습니다. 출발하고 나서 30분 정도 있으니까 12시까지 면목동으로 생일기념 꽃바구니를 배달해 달라는 주문이 들어왔습니다. 청량리로 배달을 마친 직원이 돌아오자마자 다시 면목동으로 배달을 갔습니다.

배달직원이 출발하자마자 이번에는 태릉으로 결혼기념일 축하 꽃바구니와 와인을 14시까지 배달해 달라는 주문이 들어왔습니다. 결국 고객들이 하루 전에만 주문을 했어도 배달직원은 종로에서 청량리→면목동→태릉 코스를 한 번에 다녀올 수 있었는데 세 번이나 왕복을 해 경비와 시간을 빼앗겨 배달직원의 노동생산성이 저하되었습니다.

예약판매를 하면 꽃 구입과 일을 계획적으로 할 수 있고 분업화가 가능하므로 꽃집의 생산성과 직결됩니다. 따라서 예약판매율을 높일 수 있는 판매 전략에 최선을 다해야 할 것입니다.

Key Point

- 예약판매율을 높이면 상품을 효율적으로 구매하고 판매함으로써 재고를 줄일 수 있다.
- 예약판매율을 높이면 상품제작 시간을 분산시킬 수 있고, 배달 효율을 높일 수 있다.

66

외판이나 통신판매비율을 높이고 있는가

  대부분의 업종들은 좋은 장소에서 좋은 상품들을 많이 구비해 놓고 팔면 매출이 많게 되므로 자본력이 있는 사람들은 입지가 좋은 곳에서 규모 있게 장사를 합니다.

꽃집은 특성상 매출이 많더라도 평당 생산성이 낮고 순이익률이 높지 않기 때문에 임대료가 비싼 곳에서는 소규모 장사가 많고, 임대료가 싼 곳에는 대형 꽃집(농장형 꽃집이나 비닐하우스)이 많습니다.

꽃집의 평당 생산성이 낮다고 해서 다른 업종에 비해 경쟁력이 없는 것은 아닙니다. 왜냐하면 꽃집에서는 가게에 갖춰 놓고 있지 않은 상품도 팔고 있기 때문입니다. 따라서 좁은 공간에서도 꽃집을 할 수 있다는 얘기입니다.

이렇게 구비해 놓지도 않고 임대 면적당 생산성을 높일 수 있는 상품이 바로 통신판매 상품과 외판 상품입니다. 통신판매에는 두 가지 방법이 있습니다.

하나는 꽃집의 영업을 통하여 단골을 확보한 후 전화로 주문 받아 파는 것입니다. 다른 하나는 통신배달업체에 가입하거나 다른 꽃집과

연대해서 수주를 맡아 다시 하청을 주는 것으로 볼런터리 체인이나 프랜차이즈 체인 시스템의 의한 것입니다.

외판은 결혼식장을 장식하거나 행사장을 장식하는 일 또는 일정한 공간을 디스플레이 하는 것 등과 같이 꽃의 수요가 있는 현장에서 상품을 제작하거나 장식하는 것으로 최근 수요가 증가하고 있습니다.

이처럼 통신판매 및 외판은 시장 규모가 크고 영업 범위가 넓으며 수요가 증가하고 있습니다. 게다가 꽃집의 생산성을 높이는 것 외에 투자비용과 고정비 지출이 적게 들어가는 장점이 있습니다.

67.
부가가치가 높은 상품을
취급하고 있는가

장사는 좋은 상품을 싸게 파는 게 제일이라는 말이 있습니다. 이러한 말을 증명이라도 하듯이 최근 많은 대형 할인점이 생겨나 성황을 이루고 있습니다. 대형 할인점은 가격 면에서 보면 주위의 소매점과 경쟁이 안 될 정도로 싸서 소매점은 더 이상 대형 할인점과 맞설 수 없게 되었습니다.

그래서 소매점들은 가격으로 경쟁하지 않고 손님의 지지를 받는 영업으로 판매 전략을 바꿔가고 있습니다. 손님이 원하는 다양한 특징을 갖춰 놓음으로써 가격은 하나의 선택사항에 지나지 않도록 하고 있는 것입니다.

이 얘기를 맥주에 비유해 좀더 쉽게 설명해 보겠습니다. 맥주가 먹고 싶을 때 할인매장에서 구입하여 집에서 먹으면 비용은 아주 적게 듭니다. 이것에는 부가가치가 거의 붙지 않은 상태이기 때문입니다.

그러나 맥주가 집에서만 소비되고 있지는 않습니다. 집에서 마실 때보다 몇 배나 비싼 금액에 팔려 소비되는 경우도 많습니다. 레스토랑, 룸싸롱이나 단란주점 같은 곳이 대표적인 장소인데, 이러한 장소는

아가씨가 있다든가, 노래를 부를 수 있는 시설이 되어 있다든가, 장소가 분위기 있게 꾸며졌다든가 맥주 이외에 소비자가 원하는 특정한 목적에 맞는 분위기와 서비스를 제공합니다.

이것을 다시 꽃에 비유해 보겠습니다. 할인매장에서 파는 맥주는 주로 자신이 먹기 위해서 구입하는 것으로 캐주얼플라워라고 할 수 있으며, 레스토랑이나 룸싸롱 및 단란주점에서 파는 맥주는 손님을 접대할 때 등에 많이 이용하는 것으로 포멀플라워라고 할 수 있습니다.

캐주얼플라워는 앞에서 설명했듯이 구입자 자신을 위해 이용되는 것(주로 가정용)으로 품질이 좋고 비싼 것보다는 품질은 다소 떨어지더라도 싼 것을 선호합니다. 또 포장이나 디자인이 필요 없기 때문에 노점이나 편의점 등 다양한 곳에서 판매되고 있습니다.

반면에 포멀플라워는 선물용으로 이용되기 때문에 가격은 다소 비싸더라도 좋은 품질이 선호됩니다. 즉 가장 소중한 사람에게는 이 세상에서 가장 좋은 것을 주어도 아깝지 않듯이 품질만 좋으면 가격은 문제가 되지 않는 경우가 많습니다.

그러므로 판매자 측에서는 싸게 파는 것보다는 좋은 꽃을 재료로 하여 최고의 상품을 만들어야 하므로 기술이 필요하게 됩니다. 기술이 없으면 제대로 팔지 못하기 때문에 포멀플라워의 판매는 꽃집에서만 가능합니다. 즉, 꽃집에서는 가격이 아닌 부가가치를 팔아 이익률을 높일 수 있는 것입니다.

이제 꽃집도 과거와는 달리 많이 생겨났습니다. 또 꽃을 판매하는 곳도 점점 다양해지고 있습니다. 이러한 상황에서는 자본만 있으면 누구나 할 수 있는 장사(좋은 꽃을 싸게 파는 것)가 아니라 아무나 할 수 없는 부가가치가 높은 상품을 제작하여 팔아야만 경쟁력을 가질 수 있는 것입니다.

따라서 경쟁력 향상을 위해서는 다른 꽃집에서는 쉽게 할 수 없는 고부가가치 상품(웨딩부케나 이벤트 행사장 장식 등)을 많이 취급하여 이익률을 높여야 할 것입니다.

68.
고정고객이 점점 증가하고 있는가

 장사 요령 가운데 가장 기본이 되는 것은 바로 고객을 늘리는 것입니다. 고객이 계속 늘고 있는 이상 사업체는 든든합니다. 일반적으로 고객이 늘면 매상이 늘어 확대 성장을 계속할 수 있기 때문입니다. 그래서 고객을 증가시키는 것은 매우 중요합니다.

고객을 늘리는 가장 확실한 방법은 한 번이라도 이용한 고객을 놓치지 않는 것입니다. 한 번이라도 이용한 고객이 계속해서 고객이 되어주고, 기존의 고정고객이 떨어져 나가지 않는다면 그 꽃집은 두말할 필요 없이 크게 번성할 것입니다.

따라서 고정고객이 늘고 있는지를 수시로 점검해 보아야 합니다. 고정고객이 매장면적 평당 10명이 안 되거나 감소하고 있다면 접객, 상품, 고객관리 등등의 항목 중 어느 측면에서 만족을 주지 못했는지 또 어떻게 해서 고정고객을 증가시킬 것인지에 대해 대책을 세우고 실천을 해야 합니다.

판매방식별 판매비율을
파악하고 있는가

꽃집에서 꽃을 판매하는 방식을 크게 분류해 보면 매장을 방문한 고객을 대상으로 하는 판매방식과 통신 주문에 의한 통신판매가 있습니다.

매장 내 판매는 고객들이 매장을 방문하여 구입하거나 배달상품 등을 주문하는 경우와 행사장 등의 장식을 의뢰하는 경우가 있습니다. 통신판매는 전화나 팩스, 인터넷을 통해 주문하는 것에 대응한 판매방식입니다.

이처럼 여러 가지 판매방식이 있는데 각각의 판매방식에 따른 판매비율을 조사·분석해 보면 경영 측면에서 문제점과 대응책을 쉽게 찾아낼 수 있습니다.

예를 들면 주변의 경쟁 꽃집보다 매장에서 판매하는 양이 적으면 가게 밖의 상품 진열, 디스플레이, 매장 내의 상품 구색, 포장 수준, 접객 서비스 등에 다소 문제가 있고 신규고객의 증가가 적다는 것을 뜻합니다.

대체로 단골고객은 전화로 주문하는 경우가 많기 때문에 매장을 방문하여 구매하는 비율이 낮은데 비해 신규고객은 매장을 방문하는 비율이 높습니다.

이들 신규고객이 꽃집을 선택하는 기준은 매장 내·외에 진열된 상품 구색과 질, 상호, 전체적인 분위기, 입 소문 등에 의해 좌우되는 경우가 많습니다.

따라서 매장판매비율이 낮으면 가게의 개장 및 상품의 구색에 신경 쓰고 진열방법을 개선하며 포장 수준을 높이고 좋은 입 소문이 나도록 해야 할 것입니다.

이렇게 해서 매장 내의 판매비율을 높이면 통신판매비율은 쉽게 높일 수 있습니다. 통신판매비율을 높이려면 영업비용과 시간 그리고 배달비용이 많이 들지만 매장판매비율을 높이면 영업비용이 적게 들고 경우에 따라서는 배달이 필요 없는 경우가 많아 생산성이 높아지므로 매장판매비율은 가능한 높게 하는 것이 좋습니다.

전화 주문에 의한 판매방식은 가게에 많은 물건을 갖춰 놓지 않아도 되며 가게가 굳이 목 좋은 곳에 있을 필요가 없고 좁은 면적이어도 괜찮습니다.

그러나 매장에서 꽃을 구매하려고 찾아온 고객들을 대상으로 판매하는 매장판매와는 달리 고객을 찾아 나서서 영업을 해야 하므로 그만큼 영업비용이 많이 들어가고 많은 단골도 확보해야 합니다.

현재 전화 주문으로 구매하는 단골이 많다면 그만큼 영업활동을 열심히 했다는 이야기입니다. 만약 경쟁 꽃집에 비해 전화로 주문하는 고객의 비율이 낮다면 단골이 적고, 영업활동도 소홀히 했다는 의미이므로 영업력을 강화해야 합니다.

인터넷 쇼핑몰을 통한 판매는 쇼핑몰의 컨텐츠 내용과 홍보력에 따라 많은 영향을 받으므로 판매비율과 연계해서 이를 점검할 필요가 있고, 가급적 판매비율을 높이는 게 좋습니다.

현재 오프라인(꽃집)에서 판매하는 꽃 상품은 업무용이 높은 반면 인터넷 쇼핑몰에서 판매하는 꽃 상품은 개인간의 선물용 비율이 높고, 주고객층도 젊은층입니다.

이처럼 온라인 판매는 오프라인의 주요 상품 및 고객과 차이가 있으므로 판매 상품과 고객의 다양화 및 매출 향상 측면에서 매우 의의가 있습니다. 따라서 기존의 오프라인 고객을 온라인 고객으로 전환하는 것도 필요한데, 이러한 사항들을 점검해 보았으면 합니다.

여하튼 판매방식별 판매비율을 조사한 다음 경쟁 꽃집에 비해 어느 부문의 판매방식이 취약하며, 그 원인은 무엇인지를 조사하고 대책을 세우기 바랍니다. 그리고 적은 노력으로도 현재보다 매출을 많이 올릴 수 있는 판매방식은 어떤 것인지 분석하여 실천으로 옮기기 바랍니다.

Key Point

- 호감을 주는 점포, 디스플레이, 좋은 상품과 구색, 좋은 기술과 서비스, 입 소문으로 고객이 매장을 많이 방문하도록 한다.
- 매장판매에서 좋은 인상을 남기도록 하고, 전화, 인터넷으로 주문할 수 있게 홍보를 한다. 동시에 고객 정보를 축적한다.
- 매장 방문이나 전화, 인터넷을 통해 재구매할 수 있도록 고객관리를 철저하게 한다.

70.
연간, 월간 및 기념일별 판매목표가 있는가

　　손익분기점 매출액은 이익도 손해도 나지 않는 계산상의 매출액입니다. 이익이 없는 경영은 사업이라고 할 수 없으므로 손익분기점 매출액이 얼마인지를 산출해 낸 다음 이익이 어느 정도인지를 따져 봐야 합니다(p.193~194 참조). 이익을 내어 사업을 발전시키는 것은 경영자의 역할이기 때문입니다.

　이익은 가족이나 종업원의 생계를 유지할 뿐만 아니라 이익을 낼 수 있는 목표매출액을 제시하는 것에 의해 종업원은 사업의 발전에 꿈을 갖고 매출목표 달성에 협조하게 됩니다.

　그러므로 이익을 내기 위해서는 목표 설정을 구체적이고 명확히 하고 목표 달성을 위한 노력을 계속 해야 합니다. 목표매출액 계산법은 '(목표이익+고정비)÷(조이익률)' 입니다.

　목표매출액은 우선 손익분기점 매출액을 기준으로 해서 그것에 몇 퍼센트를 올릴 것인지를 결정하십시오. 연 목표액이 설정되면 이를 12개월로 나누면 월별 매출목표액이 되고, 이를 하루 단위로 나누게 되면 일일 매출목표액이 됩니다.

그런데 꽃집 업계는 매출액이 계절과 기념일에 따라 변동이 크기 때문에 총매출목표액을 12개월로 나눠 월별 목표액을 정하거나 365일로 나눠 일별 목표액으로 정하기 어려우므로 기존년도의 매출액을 월별로 구분하여 조사한 다음 그것을 기준으로 목표 설정을 하는 것이 좋습니다.

　또 발렌타인데이, 화이트데이, 어버이날, 스승의 날, 성년의 날, 크리스마스 등 꽃 수요가 많은 주요 기념일은 별도의 매출액을 세워 노력하고 반드시 매출목표액의 달성 여부를 점검해 보아야 합니다. 아울러 문제점이 있다면 기록해 두고 다음해나 다른 기념일에는 실수를 반복하지 않도록 해야 할 것입니다.

Key Point

- 판매목표가 있어야 이익 창출을 위해 더욱더 노력하게 된다.
- 목표매출액 = (목표이익+고정비)÷(조이익률)

5장

합리적인 점포 경영과
관리가 필요하다

71.
상품에 대한 디자인 능력과
지식이 충분한가

머리가 아파 약을 사먹어야 할 경우 무슨 약을 사먹습니까? 광고에서 보아서 잘 알고 있는 약을 달라고 해서 먹습니까? 아니면 약사에게 증상을 자세히 설명한 후 약국에서 주는 것을 믿고 먹습니까?

약사들의 말을 들어보면 약사에게 증상을 말한 다음 그에 맞는 약으로 조제해 달라고 하기보다는 특정의 약을 달라고 하는 사람들이 대단히 많다고 합니다.

소비자들은 각종 광고와 매스컴을 통해 약뿐만 아니라 다양한 상품에 대한 정보와 지식을 많이 가지고 있습니다. 꽃에 대해서도 보는 안목이 높고 상당한 재배관리 지식을 가지고 있는 분들이 많습니다.

따라서 수준이 높은 소비자들을 상대하려면 꽃집에서는 좋은 상품을 갖고 있지 않으면 안 됩니다. 절화나 관엽식물, 난 등 꽃 자체의 품질이 좋아야 함은 물론 디자인 능력이 뛰어나고 상품에 대한 지식이 깊어야 합니다.

절화나 분화는 전문화인가, 아니면 총합화인가 등 상품 전략에 따라

질 좋은 것을 준비하면 될 것입니다. 디자인 면에서는 소비자보다 전문적이고 많은 정보를 갖고 용도에 맞으면서도 최신 유행상품을 제작할 수 있도록 끊임없이 노력해야만 될 것입니다.

꽃집에서 상품에 대해 알아두어야 할 지식은 상당히 광범위합니다. 절화의 관리요령을 비롯하여 식물마다 어디에 두고 어떻게 길러야 하는지도 알고 있어야 합니다. 평소에 파는 상품에 대한 실력을 길러두어 고객의 질문에 언제라도 구체적이고 올바르게 설명할 수 있어야 합니다.

만일 질문에 대답이 막힌다든지 지극히 상식적인 설명밖에 할 수 없다면 고객은 그 꽃집을 신뢰하지 않을 것이며, 상품만이 아니라 다른 면들에 대해서도 믿으려 들지 않을 것입니다.

이와 반대로 상품에 대한 충분한 지식이 있으면 고객에게 믿음을 줄수 있습니다. 값싼 물건과 값비싼 물건의 차이점을 정확하게 설명해 줌으로써 값비싼 상품을 더 많이 팔 수 있습니다.

상품 자체에 대한 지식뿐만 아니라 그에 관련된 여러 가지 사항을 알아두면 판매에 크게 도움이 됩니다. 예컨대 장미가 목을 숙였을 때는 물에다 푹 담그라든지, 꽃 장식을 할 때 배색은 어떻게 하라든지 등을 알려주면 고객은 꽃집에 대해 좋은 인상을 갖게 됩니다.

그밖에 연인에게 꽃을 선물하고자 꽃집을 찾아와 조언을 구할 때는 다음과 같이 꽃말이나 꽃의 숫자를 이용해 의사표시를 하는 방법을 제안해도 좋을 것입니다.

① 33송이 장미 : 눈을 감고 있어도 삼삼히 그리운 연인에게

② 44송이 장미 : 사무치도록 사랑하고 또 사랑하는 사람에게

③ 52송이 장미 : 오늘을 잊을 수 없는 날로 만들고 싶은 마음을 고백할 때

④ 79송이 장미 : 연인보다는 친구이고 싶은 사람에게 보낼 때

⑤ 100송이 붉은 장미 : 100점인 연인이나 아내에게 바칠 때

⑥ 119송이 장미 : 나의 가슴에 불을 질러버린 당신에게 바칠 때

72.
잘되는 꽃집과 친하게 지내며 노하우를 얻고 있는가

주위에서 장사가 잘되는 꽃집을 유심히 살펴보십시오. 불경기에도 다른 가게보다 많은 매출을 올리는 점포가 있습니다. 똑같은 물건을 팔아도 많이 파는 가게가 있습니다.

부럽다거나 혹은 질투하는 마음으로 보지 말고 '저 집은 어떻게 해서 저렇게 잘될까' 하고 분석해 보기 바랍니다. 장사가 잘되는 가게는 다 이유가 있습니다.

핑계 없는 실패가 없듯이 이유 없는 성공도 없습니다. 꽃집 업계에서도 잘되는 꽃집은 상품 아이템이 남다르다든지, 고객관리와 서비스가 특별하다든지 나름대로의 고객을 끄는 노하우를 가지고 있습니다. 따라서 잘되는 꽃집을 모델로 해서 따라 하면 대개의 경우 매출을 증가시킬 수 있습니다.

만약 잘되는 꽃집을 모델로 해서 배우려 하지 않고 시기하거나 너무 의식하여 적대시하면 에너지 소모만 많게 됩니다. 잘되는 꽃집에 대해 경쟁의식은 갖되, 친하게 지내며 노하우를 배우는 자세를 가져야 꽃집의 발전을 도모할 수 있습니다.

잘되는 꽃집에서 배울 때는 배우는 입장이므로 겸손하게 가르침을 받는 것이 좋습니다. 가르침을 받고 모방하며 배운다는 것은 노력 없이는 불가능하므로 노력하고 또 솔직하게 하는 것이 성공의 지름길입니다.

한 가지 더 말하자면 잘나가는 꽃집의 노하우를 무조건 수용하기보다는 자신의 가게 규모와 환경에 맞춰서 적용하거나 응용하기 바랍니다.

Key Point

- 잘되는 꽃집을 여러 군데 방문한 다음 공통점을 파악한다.
- 잘 안 되는 꽃집도 여러 군데 방문하여 안 되는 요인을 파악한다.
- 잘되는 꽃집과 잘 안 되는 꽃집의 차이점을 파악하고 자신의 꽃집과 비교해 본 다음 좋은 점은 살리고 나쁜 점은 개선한다.

73.
자신의 꽃집과 경쟁 꽃집을 수시로 비교하고 있는가

꽃집을 하다 보면 지역이나 상권 내에서 경쟁관계에 있는 꽃집이 있기 마련입니다. 경쟁관계에 있는 꽃집보다 가게의 규모나 자본, 매출이 월등히 높아 비교가 안 될 때는 별 문제가 없지만 엇비슷하고 고객을 경쟁적으로 유치하고자 노력할 때는 상당히 신경이 쓰일 것입니다.

특히 경영주가 생각하기에 지역 내에서는 경쟁 꽃집보다 자신의 꽃집이 기술 수준이나 상품가격 측면에서 훨씬 더 경쟁력이 있는 것 같은데 고객들은 야속하게도 그것을 몰라주는 경우가 있을 것입니다.

그럴 경우 경영주는 참으로 답답하고 고객에게 서운한 마음까지 들기도 합니다. 하지만 꽃집에 대한 선택권은 고객에게 있고, 고객이 경쟁 꽃집을 선택하게 된 데는 그럴 만한 이유가 있을 것입니다.

가령 꽃이 좋다, 나쁘다, 비싸다, 싸다 등의 고객 평가는 절대적인 것이 아니라 상대적인 것입니다. 꽃집 입장에서는 싸다고 생각되는 가격도 경쟁 꽃집에서 더 싸게 판매하면 고객은 자신의 꽃집에서 판매하는 상품이 비싸다고 생각하게 됩니다.

이러한 것을 고려하여 고객 입장에서 자신의 꽃집과 경쟁 꽃집을 객관적으로 비교해 보세요. 내가 만약 고객이라면 어느 꽃집에서 꽃을 살 것인지, 그 이유는 무엇인지를 생각해 보세요. 또 가게에 들어갔을 때 상품 수준이나 가격, 서비스 면도 생각해 보기 바랍니다.

이렇게 자신의 꽃집과 경쟁 꽃집을 서로 비교해서 자신의 꽃집의 강한 것과 약한 것, 경쟁 꽃집의 강한 것과 약한 것을 도출해 보십시오. 자신의 꽃집에서 강한 것은 경쟁 꽃집에 비해 경쟁력을 갖는 것입니다. 자신의 가게에서 약한 점은 경쟁 꽃집의 강점입니다.

가게의 면적, 상품 구색의 충실성, 기술력의 수준, 입지의 조건 등을 객관적으로 분석한 후 자신의 꽃집의 강한 점은 더욱 강하게 하여 강한 인상을 만들고 약한 점은 보완을 해야 합니다.

74.
경쟁 꽃집에 비해 상품을 저렴하게 구입하고 있는가

흔히 연예인들의 나이는 고무줄 나이라고 합니다. 필요에 따라서 마음대로 줄이거나 늘리기 때문입니다. 꽃의 가격도 연예인처럼 고무줄 가격인 것 같습니다. 똑같은 장미인데도 아침에는 높았다가 저녁에는 내리고, 사는 사람에 따라 또는 파는 가게에 따라 가격이 다르니 말입니다.

이와 같이 가격 변동이 크다 보니 꽃을 싸게 구입하는 것 자체가 꽃집의 경쟁력을 향상시키는 매우 중요한 요소가 되고 있습니다. 그런데 꽃 가격은 변동 패턴이 일정하지가 않습니다. 더욱이 최근에는 꽃의 저장 및 보관법이 발달하고 저온저장고와 꽃냉장고가 많이 보급되면서 꽃의 출하 및 구매시기의 폭이 넓어졌습니다.

이에 따라 도매시장에서는 들어오고 나가는 물량에 대한 예측이 어려워져 가격 형성 기능을 상실하는 경우도 발생하고 있습니다. 그 때문에 같은 시장에서 같은 시간대에 팔리는 꽃이라도 가격이 오르는 것이 있고 내리는 것이 있습니다. 또 같은 꽃이 같은 시기에 팔리더라도 시장에 따라 가격이 다르며, 그 차이는 심합니다.

따라서 꽃집에서는 가장 싸게 파는 시장과 시기를 선택해야만 다른 꽃집에 비해 경쟁력에서 우위를 차지할 수 있습니다. 그렇지만 꽃은 신선도가 중요하므로 구입시기를 조절할 수 있는 폭은 한정될 수밖에 없습니다.

최저가로 구입할 수 있는 시기는 예측이 어렵지만 그래도 방법이 있다면 꽃집에서 시기별로 각 꽃에 대한 적정 가격 기준을 마련한 다음 그 기준에 가까울 때 구입하는 것도 한 방법입니다.

이외에 첫눈이 오거나 비 오는 수요일 등 특별한 수요를 예측하여 대량 구입하면 경쟁 꽃집보다 저렴하게 팔아도 마진율은 더 높게 볼 수 있어 경쟁력을 높일 수 있습니다.

꽃의 매입과 매출은 꽃집에서 가장 중요한 부분 중 하나입니다. 매입 원가는 꽃을 구입할 때에 지출되는 여러 가지 비용을 포함하여야 합니다. 즉, 매입 원가는 '매입 가격+매입 제비용'으로 산출합니다.

Key Point

- 꽃을 싸게 구입하면 경쟁 꽃집보다 많이 남기면서도 보다 싸게 판매할 수 있다.
- 매입 원가 = 매입 가격+매입 제비용

75.
다른 업종에서 마케팅을 보고 배워 응용하고 있는가

마케팅은 소비자 지향 관점에서 '고객은 언제나 옳다' 라는 현실을 받아들이는 데서부터 시작됩니다. 이러한 원리를 적용시킨 분야는 이미 큰 성과를 거두고 있습니다.

햄버거 같은 식품 메이커, 전자제품 메이커, 화장품 메이커 같은 소비자 메이커(일반 소비자를 타깃으로 상품을 만드는 제조업)는 이미 오래 전부터 마케팅을 배우고 실천하였기 때문에 커다란 발전을 해 세계적인 수준에 이르고 있습니다.

그후 기계 등을 제조하는 생산재 메이커와 전문점이나 백화점 등 소매업이 마케팅을 배워 발전했으며 현재는 호텔, 항공회사, 금융업 등의 서비스업이 마케팅을 필사적으로 공부하고 그것을 실천한 기업이 성장하고 있습니다.

그런데 꽃집은 그동안 꽃만 갖추어 놓아도 팔릴 정도여서 영업이 필요 없었습니다. 영업이 필요 없다 보니 마케팅 측면에서의 노하우는 보잘것없는데 비해 현재의 상황은 꽃 소비가 위축되고 꽃집 간의 경쟁이 치열해지고 있는 등 최악의 상태입니다.

이러한 악조건을 극복하고 더욱더 발전하기 위해서는 마케팅 기법을 도입하고 실천하는 것이 매우 중요합니다. 꽃집에서 마케팅의 도입은 시급한 문제이지만 꽃집 특성에 맞는 마케팅의 노하우를 축적하기까지는 시행착오를 피할 수 없을 것입니다.

그러므로 시행착오를 조금이라도 줄일 수 있는 방법을 찾아야 합니다. 그 방법은 시간이 걸리더라도 시행착오를 겪어가며 하나하나 경험해 보는 것보다는 이미 마케팅 기술이 상당히 진행된 다른 업종에서 배워 응용하는 것이 빠를 것이라 생각합니다.

Key Point

- 주위의 다른 업종과 꽃집을 수시로 비교해 본다.
- 꽃집에 적용할 만한 것을 찾아서 활용해 본다.

76.
전문화 및 차별화를 시도하고 있는가

어느 다방 주인으로부터 "다방도 좋은 시절은 다 갔어요"라는 푸념을 들은 적이 있습니다. 그 말을 듣고 '꽃집 역시 다방과 같은 처지가 된 것이 아닌가' 하는 생각이 들었습니다.

예전에는 커피 하면 다방이 연상될 정도로 커피를 파는 곳은 다방으로 일원화가 되었습니다. 그런데 현재는 사람들이 많이 모이는 곳마다 커피 자판기가 설치되어 있습니다. 특히 젊은층은 카페나 고급 커피숍을 많이 찾고 있으며, 원두커피 전문점, 테이크아웃 커피전문점 등 커피를 판매하는 곳이 다원화되고 있습니다.

커피 가격 또한 다양해 자동판매기로 파는 커피는 다방 커피의 10분의 1 정도밖에 안 될 정도로 저렴하고, 카페에서 판매하는 커피는 다방 커피보다 2배 정도 비쌉니다.

결과적으로 다방에서만 팔던 것이 자동판매기나 카페 등으로 확대되었고 가격 또한 다양해져 다방에서의 판매량은 감소한 대신 소비자들은 선택의 폭이 넓어졌습니다.

이처럼 다방을 둘러싼 환경이 변하면서 다방은 침체되어 가고 있습니다. 그러나 다방이 완전히 없어지지는 않았습니다. 다방만이 갖는 메리트가 있기 때문입니다. 즉 자판기 커피는 저렴한 가격에 빨리 뽑아 먹을 수 있지만 커피 종류나 설탕과 프림 등의 배합을 기호에 맞게 선택할 수 있는 폭이 극히 제한적입니다.

커피 전문점에서는 좋은 분위기 속에서 기호에 맞는 종류를 선택하여 배합을 해 먹을 수 있지만 그곳까지 찾아가야 하며 가격도 비싼 편입니다.

반면에 다방 커피는 커피 전문점보다 싸면서도 장소를 제공하며 기호에 맞게 배합하여 먹을 수도 있습니다. 그러면서도 배달까지 해주기 때문에 사무실에서 편히 마실 수 있습니다.

이와 같은 장점이 있음에도 불구하고 자판기나 커피 전문점과는 달리 사양의 길을 걷고 있습니다. 그 이유는 분위기, 상품의 내용, 가격, 서비스 등에서 전문화가 덜 되었기 때문입니다.

꽃집 주변 환경도 다방과 별반 차이가 없는 형국으로 가고 있습니다. 우선 꽃집의 수는 많아지고 있어도 서로 간에 차이가 없어 구별이 안 되고 있습니다.

또 예전에는 꽃집에서만 꽃을 판매하였는데, 이제는 판매처가 확대되고 있습니다. 자판기에서 꽃다발이나 꽃바구니를 저렴하게 사는 시대가 되었습니다. 편의점 및 할인매장에서는 물론 커피숍이나 주유소에서도 꽃을 팔고 있습니다.

소비자들은 보다 좋은 품질을 싸게 그리고 편하게 살 수 있는 선택의 폭이 넓어지고 있는 반면, 꽃집은 고객을 확보하는 비율이 낮아지는 상황을 맞이하고 있는 것입니다.

따라서 이렇게 변화하고 있는 환경 속에서 도태되지 않으려면 대응책을 세워야 할 것입니다. 그 대응책은 앞의 다방 이야기에서 힌트를 찾을 수 있을 것입니다.

꽃은 자판기 커피처럼 어느 곳에서나 팔릴 수 있지만 이 경우 품목과 기술이 한정되므로 고객들에게 선택의 폭을 넓혀 줄 수는 없습니다.

다시 말해서 백화점이나 주유소에서 꽃을 팔 수는 있어도 꽃에 기술을 더해서 판매하는 것은 어렵다는 것입니다. 좀더 쉽게 이야기하면 백화점이나 주유소 등에서 판매는 캐주얼플라워에 한정되고 포멀플라워 판매는 여전히 꽃집의 몫인 것입니다.

따라서 꽃집에서는 부가가치가 높은 포멀플라워의 수준뿐만 아니라 서비스, 상품 구색, 인테리어 등도 전문화하여 다른 꽃집과 차별화를 시도해야 할 것입니다. 즉 다방이 아니라 커피 전문점처럼 되어야 하는 것입니다.

77.
탄력적인 가격정책을 펴고 있는가

꽃집의 이익만을 고려하면 가격은 최대한 높을수록 좋을 것 같아 보이는 게 사실입니다. 그러나 높은 가격이 꽃집에게 다 좋은 것은 아닙니다. 상품 가치에 비해 높은 가격을 책정하면 소비자들로부터 외면당하기 쉽습니다.

높은 가격에 사는 사람이 일부 있다고 해도 전체적인 매출액은 낮아질 것입니다. 따라서 소비자와 기업 모두를 만족시킬 수 있는 적정한 가격을 책정하는 것은 상품을 만드는 것 못지않게 중요한 과제입니다.

보통 꽃은 구입가에 비해 약 2배로 팔기 때문에 꽃 장사는 2배 장사라는 말에 대해 수긍하는 경영주도 있습니다. 그런데 엄격하게 따져 보면 2배를 받고 팔아도 2배 장사는 분명히 아닙니다.

구입한 재료에 포장비와 기술료 등이 더해지기 때문에 꽃집에서 판매하는 상품은 실제적으로 마진율이 20~30% 정도밖에 되지 않습니다.

여기에다 꽃에는 재고라는 것이 있습니다. 재고라고 해서 공산품처럼 팔리지 않으면 공장으로 반품시키거나 쌓아 놓을 수 있는 것이 아니라 버려야 하고, 그 부담은 꽃집에서 지는 것이며 그 비용이 원가에 포함되는 것입니다. 이것까지를 계산하면 실제 마진율은 더욱더 낮아집니다.

그 때문에 꽃집의 이익률은 다른 업종에 비해 보통 수준이거나 조금 낮은 수준입니다. 이익률이 낮다는 것은 똑같이 판매를 해도 돈을 적게 번다는 얘기입니다.

따라서 돈을 더 많이 벌기 위해서는 판매가를 높여야 하는데 판매가를 높이면 적게 팔려 결과적으로는 싸게 판 경우보다 가게의 생산성이 떨어지는 수도 있습니다. 또한 입지 조건이 안 맞으면 싸게 많이 파는 것도 불가능합니다.

이를 정리하여 말하자면 ① 싸게 팔아 많이 팔리도록 한다, ② 많이 팔리기 때문에 싸게 판다, ③ 싸게 팔고 있지 않기 때문에 많이 팔리지 않는다, ④ 비싸게 팔고 있기 때문에 많이 팔리지 않는다, ⑤ 싸게 안 팔아도 많이 팔린다, ⑥ 비싸게 팔아도 많이 팔린다 등과 같이 복잡한 게 꽃집의 가격정책입니다.

그러므로 전략적인 검토 없이 습관적으로 가격을 붙이는 것은 피하고, 꽃집의 특성과 경영전략에 맞춘 탄력적인 가격정책을 취해야 합니다.

꽃의 가격전략에는 '심리적 가격전략' 과 '고가전략 및 저가전략' 이 있습니다.

심리적 가격전략은 소비자의 심리를 이용하여 전략적으로 가격을 결정하는 것으로 단수가격, 관습가격, 명성가격, 개수가격전략이 있습니다.

단수가격전략이란 경제성의 이미지를 제공하여 구매를 자극하기 위해 단수의 가격을 구사하는 전략으로 1,000원에 비해서 990원이 훨씬 싸며, 20만 원보다는 19만 9천 원이 훨씬 싸다고 소비자가 느끼는 점을 이용하는 것입니다.

관습가격은 장기간 같은 가격을 고수하여 왔기 때문에 소비자 사이에 관습적으로 그 가격이 굳어져 있는 가격을 말합니다. 화훼 상품 중 화환은 주로 관습가격에 의해 거래가 이루어지는 것입니다.

명성가격은 비싼 것일수록 좋은 것이라는 소비자의 기대심리를 이용해 상품의 가격을 일부러 높게 책정하여 품질의 고급화와 상품의 차별화를 나타내는 것을 가리킵니다.

개수가격전략은 고급 품질의 이미지를 제공하여 구매를 자극하기 위해 하나에 얼마 하는 식의 개수가격을 구사하는 전략입니다.

고가전략이란 신상품을 도입할 때 그 원가와는 상관없이 가격을 높게 설정하여 구매력이 있는 일부 소비자층에게만 판매하는 방법입니다.

저가전략은 상품을 처음 판매할 때부터 낮은 가격으로 단기간에 그 상품을 다수의 소비자에게 알려서 사용하게 하고, 대량으로 판매함으로써 이익을 크게 올리고자 하는 전략입니다.

저가전략 중에서도 점포 방문객 수를 늘리거나 잠재고객들의 구매를 자극하기 위하여 한시적으로 가격을 인하하는 전략을 '촉진가격전략'이라고 합니다.

촉진가격전략에는 고객이 자기 점포를 방문하도록 유도하기 위하여 일부 품목의 가격을 한시적으로 인하하는 '고객유인가격전략'과

특정한 상표의 매출액을 증대시키기 위하여 생산자가 일시적으로 가격을 인하하는 '특별염가전략' 그리고 허위 또는 호도하는 광고를 통하여 소비자를 점포 내로 끌어들인 후 정상가격의 비싼 상품을 구매하도록 고압적으로 강요하는 '미끼가격전략' 이 있습니다.

　어느 것이든 장단점이 있으므로 경영주의 경영전략이나 꽃집 특성에 맞는 가격전략을 취하였으면 합니다.

78.
순이익의 10% 이상을
상품개발비로 투자하는가

"장사는 질보다는 양이다"라는 말이 있습니다. 마진이 높은 것을 적게 파는 것보다는 마진은 적더라도 많이 파는 것이 더 좋다는 말입니다. 맞는 말처럼 들리기도 하지만 꽃집의 경영에 딱 들어맞지는 않는 것 같습니다.

꽃집을 개업한 초기에는 질보다 양을 추구하는 게 훨씬 좋다고 생각합니다. 왜냐하면 꽃집에서 파는 상품은 대부분 꽃에 기술이 더해지는 것인데, 처음에는 기술 수준이 낮기 때문입니다.

또 꽃집을 처음 시작할 때는 잘 팔리는 상품과 안 팔리는 상품을 제대로 구별하지 못하고 자본력도 약해 구색을 제대로 갖출 수가 없기 때문에 가급적 싸게 팔아 고객을 유인해야 합니다. 그런 다음 기술 수준이 높아지고 상품 구색이 다양하게 갖추어지면 고객은 자연히 오게 되므로 질로 승부를 걸어도 좋습니다.

질로 승부를 걸려면 투자를 해야 합니다. 투자는 기업의 경우 연구개발비에 해당됩니다. 연구개발비는 첨단 기업의 경우 순이익금의 10% 이상을 투자하는데, 꽃집에서도 그 정도는 투자할 필요가 있습니다.

꽃집에서 상품개발비는 두 가지 측면에서 생각할 수 있습니다. 하나는 좋은 상품을 제작할 수 있는 디자인 능력을 키우는 데 투자하는 것입니다. 다른 하나는 팔릴 가능성은 크지만 재고의 우려 때문에 갖춰 놓지 못한 상품을 구입해 놓는 것입니다.

즉 재고의 우려가 있더라도 상품을 구입해 구색을 갖추어 놓음으로써 고객의 증가를 꾀하는 것입니다. 물론 팔게 되면 이익이 되지만 못 팔고 재고가 되더라도 그 비용은 상품개발비에 불과하다고 생각하시기 바랍니다.

79.
꽃 가격을 차별화하고
기술료를 받고 있는가

"꽃은 비싸다"는 말을 예전부터 자주 들어왔는데 최근에는 더욱 많이 쓰이고 있습니다. 경제 불황 때문에 그렇다고 주장하는 분들도 있지만, 다른 한편으로는 꽃을 사고 싶어도 비싸서 살 수 없다든가 망설여진다는 고객의 소리라고 생각합니다.

왜냐하면 사고 싶지 않은 상품에 대해 비싸다거나 싸다는 말을 하지 않기 때문입니다. 그러므로 "비싸다"라는 말은 비즈니스 기회를 알리는 고객의 소리로 들어야 합니다. 꽃이 싸다면 살 수 있다는 얘기가 되니까요.

그런데 대부분의 꽃집에서는 이 '하늘의 소리'를 무시하고 있는 듯합니다. 그 이유는 예전이나 지금이나 꽃값에 큰 차이가 없고, 꽃집 경영주 입장에서 생각을 해보아도 포장비, 가게세, 인건비 등을 따져 보면 꽃값에 큰 마진을 붙인 것은 아니므로 결코 비싸지 않다는 생각을 갖기 때문입니다.

그렇다면 고객의 소리와는 달리 꽃집 입장대로 꽃은 정말로 비싼 게 아닐까요? 결론적으로 말해서 고객의 소리도 일리는 있습니다. 현재 꽃집에서 판매하고 있는 상품 중 고객들이 비싸다고 지적하는 것은 주로 절화입니다. 고객들로부터 절화가 비싸다고 지적되는 이유는 꽃집의 전통적인 상행위 관습 때문인 것으로 풀이됩니다.

난이나 관엽식물은 상품의 완성도가 높아 농장에서 구입한 상태 그대로 판매할 수 있습니다. 그런데 절화는 주로 고객의 주문에 맞춰 꽃다발이나 꽃바구니 등으로 가공을 하여 판매가 됩니다.

결국 절화는 절화라는 상품을 파는 게 아니라 절화와 기술을 함께 팔아 왔던 것입니다. 그래서 대부분의 꽃집에서는 절화 가격에 꽃다발 제작비, 즉 기술료와 포장재료비 등을 포함시키고 있습니다.

가령 두 사람의 고객이 각각 2만 원어치의 절화를 구입할 때 한 사람은 꽃다발(포멀플라워)로, 다른 한 사람은 포장을 하지 않은 채 꽃만(캐주얼플라워) 구입해도 꽃의 양에는 변화가 없는 경우가 많습니다.

이 경우 포장을 하지 않은 상태로 꽃을 구입한 사람은 꽃다발을 사는 사람과 양이 같기 때문에 불만이 남고 속는 듯한 생각이 들지 모르며, 그래서 "꽃은 비싸다"라고 말하기 쉽습니다.

비싸다는 것은 더 사고 싶은데 가격이 문제라는 것을 암시하는 것입니다. 그러므로 꽃집에서는 꽃다발과 꽃바구니 등 절화와 기술을 함께 파는 포멀플라워와 소재로써 판매하는 캐주얼플라워를 명확히 구분해 꽃은 "비싸다"는 고객들의 소리에 응답할 필요가 있습니다.

즉, 기술료를 포함한 꽃 가격을 모든 고객들에게 똑같이 부담시키기보다는 소재 상태의 꽃 가격을 기준으로 해서 꽃다발이나 꽃바구니로 주문하는 고객들에게는 유료 서비스로서 수수료를 받아 차별화할 때 실질적으로 꽃값을 낮출 수 있게 될 것입니다.

물론 우리나라의 경우 오랜 관습에서 별도의 기술료를 받는 것(실제로는 꽃값에 포함되고 있다)에 어느 정도 심리적인 저항감을 가지고 있습니다.

그렇지만 기술료를 포함한 꽃 가격을 모든 고객들에게 똑같이 부담을 지게 하는 것은 불공평한 일입니다. 그러한 불신감이 자꾸 쌓이게 되면 꽃집의 발전에 저해 요인으로 작용하게 됩니다.

꽃을 보다 싸게 팔고 모든 고객들에게 공평하게 대응하기 위해 기술료를 가게 안에 별도로 명시하여 유료화하는 것이 바람직합니다.

그러기 위해서는 기술료를 명확히 하여 받아도 고객들의 불만이 없을 정도로 상품에 디자인 기술이 더해져 고객이 그 비용을 당연하게 받아들일 만한 수준이 되어야 함은 두말할 필요가 없습니다.

80.
수시로 매출 증감 원인을
파악하고 대응하는가

우리 사회에서는 "죽으라는 법은 없다"는 말이 종종 사용되고 있습니다. 꽃집 경영주 사이에서도 이 말이 자주 사용되고 있는 듯합니다.

예를 들어 사흘 동안 꽃다발 하나 팔지 못해 안절부절못하고 있는데 4일째에 근조화환 주문이 대량으로 들어와 며칠 동안 공친 것까지 벌었을 때 "역시 죽으라는 법은 없구나!"라는 말을 하기도 합니다.

그런데 "죽으라는 법은 없다"라는 말을 곰곰이 생각해 보면 '참으로 무계획적이고 태평스러운 발상을 가진 사람들에게 어울리는 말이 아닌가' 하는 생각이 듭니다.

그런 말은 "어떻게 되겠지, 설사 망하려고…" 하는 말과 별반 차이가 없는 것으로 받아들여지기 때문입니다. 그래서 꽃집 경영주가 매출이 떨어지고 있어도 '언젠가는 나아지겠지'라는 생각을 가지고 있으면 무계획적이고 무책임한 경영주라는 판단을 하게 됩니다.

꽃집에서 매출이 늘거나 주는 데는 반드시 이유가 있습니다. 그런데 그것에 무관심하고 대책을 세우지 않는다면 그 꽃집은 알게 모르게 서서히 내리막길을 걷고 있다고 보아도 좋습니다.

따라서 매출 증감에 대해서 수시로 파악하고 변화에 대한 원인을 찾아 대책을 세워야 할 것입니다.

꽃집에서 일반적인 매출은 고객수에 구입단가를 곱한 것입니다. 그러므로 매출이 감소하고 있다면 고객수나 구입단가 중 한 가지 이상이 감소한 것입니다. 고객수 계산법은 '고정고객×내점빈도+유동고객수'인데 고정고객(단골)이 많을수록 꽃집의 운영은 쉽고 안정적입니다.

그래서 오래된 꽃집, 사람들의 통행량이 많지 않은 곳에 위치한 꽃집, 인맥에 의존하여 영업을 하는 꽃집에서는 일정 수준의 고정고객을 확보하고는 새로운 고객을 개척하기보다는 고정고객을 유지하는 수준에서 장사를 하고 있는 경우가 많습니다.

따라서 매출이 감소했다면 고정고객 위주로 장사를 하는 꽃집은 고정고객이 가게를 찾아오는 횟수를 늘리기보다는 고정고객수를 증가시켜 전체적인 구매자수를 증가시키는 방향으로 매출 증대를 꾀하는 게 좋습니다.

고정고객을 증가시키려면 우선 홍보나 디스플레이 개선으로 유동고객을 증가시킨 다음 유동고객에 대한 상품 전략과 고객관리를 통해 고객을 고정화해야 합니다.

유행상품을 많이 취급하는 시내번화가나 통행량이 많은 곳에 위치한 꽃집은 주로 유동고객이 매출을 좌우합니다. 그러므로 매출이 감소하고 있다면 유동고객의 감소와 큰 관계가 있습니다.

매출을 증가시키려면 줄어든 만큼의 유동고객을 확보해야 합니다.

유동고객을 증가시키려면 디스플레이 개선, 상품 전략, 고객 서비스 제고, 영업시간 확대 등이 필요합니다. 아울러 유동고객 중 일부를 고정고객으로 전환시켜 가게를 찾아오게 함으로써 고객수 증가에 의해 매출을 늘리는 것이 좋습니다.

구입단가는 고객당 꽃을 구입하는 평균가격이라 할 수 있으며 '평균단가×매입점수(구입량이나 개수)'에 의해 산출합니다. 판매 품목의 수량에는 변화가 없음에도 불구하고 매출액이 감소했다면 평균단가가 낮아진 것에 원인이 있는 것입니다.

따라서 매출 확대를 위해서는 상품을 다양화하여 판매량을 증가시키는 데 포인트를 두어야 합니다.

Key Point

- 매출이 늘거나 준 데에는 반드시 이유가 있으므로 고객수, 구입단가 측면에서 점검하고 대책을 세운다.
- 매출액 = 고객수×구입단가
- 고객수 = 고정고객×내점빈도+유동고객수
- 구입단가 = 평균단가×매입점수(구입량이나 개수)

81.
손익분기점 매출액을
파악하고 있는가

손익분기점이란 한 기간의 매출액이 당해 기간의 총비용과 일치하는 점을 말합니다. 즉, 비용을 회수하기 위하여 필요한 매출액을 의미합니다.

따라서 손익분기점 매출액은 필요 최소한의 목표매출액이라 할 수 있으며, 꽃집을 계속해서 운영하고 발전시키기 위해서는 반드시 손익분기점 이상의 매출액을 달성해야 합니다.

그러므로 손익분기점 매출액의 계산방법과 함께 자신의 꽃집 손익분기점은 어떤지에 대해 기본적으로 알아두어야 합니다. 손익분기점 매출액의 계산법은 '(고정비)÷{1-(구입금액÷매출액)}=(고정비)÷(조이익률)' 입니다.

손익분기점 매출액을 산출한 결과 손익분기점을 훨씬 상회하는 매출액을 올리고 있다면 그것을 기준으로 성장률을 설정하고 그 목표달성을 위해서 더욱더 적극적으로 경영을 하십시오.

만약 매출액이 손익분기점도 되지 않을 경우에는 점포 운영방법의 개선에 의한 매출액 증가 대책이나 경비 절약에 의한 저비용 체제를 만드는 등 꽃집을 성공적으로 만들기 위한 다방면의 노력을 기울여야 합니다.

꽃집 경영주라면 기본적으로 손익분기점 매출액을 알아두고 이것을 항상 생각하면서 이익을 낼 수 있는 꽃집이 될 수 있도록 경영에 힘써야 합니다.

Key Point

- 꽃집을 유지·발전시키려면 매출액이 항상 손익분기점을 넘도록 해야 한다.
- 손익분기점 매출액 = (고정비)÷{1−(구입금액÷매출액)}
                    = (고정비)÷(조이익률)

82.
꽃집의 규모에 맞는 투자를 하고 있는가

 신문이나 방송을 통해 잘 알려진 기업체들이 부도가 난 것을 보곤 하는데 남의 일이 아닌 듯싶습니다. 꽃집 업계에서도 가장 요란하게 떠들고 규모 있게 운영하던 꽃집이 어느 날 문을 닫은 경우가 생기곤 합니다.

규모 있게 운영하다 문을 닫은 꽃집은 나름대로 이유가 있겠지만 대부분은 매출액만 올리면 된다는 생각을 갖고 과잉 투자한 경우가 많습니다.

예를 들면 '광고를 해보니 매출이 늘더라' 또는 '조금만 더 판촉활동에 투자하면 지역에서 1등을 할 수 있을 것 같다'는 생각 때문에 자금의 흐름이나 손익계산은 생각하지 않고 계속 밀어붙인 경우입니다.

그러다 보니 매출은 확대되었어도 지출이 너무 많아 도매상에 대한 외상과 광고비, 인건비, 차량유지비 등 각종 지출에 대한 감당을 못하게 되어 결국 문을 닫지 않으면 안 될 상황에 이른 것입니다.

이와 같이 꽃집의 규모에 맞지 않게 매출액 확대를 위해 과잉투자하면 도산이라는 고배를 마시기 쉽습니다. 꽃집의 확대와 번영을 위해서는 성장 속도와 비례하여 투자를 해야 합니다.

　장사의 길을 걷는 이상 껑충 뛰어넘는 전진을 꿈꾸는 것은 무리입니다. 제아무리 바쁘더라도 한 걸음 한 걸음 착실하게, 그러나 가능한 한 빨리 전진을 하시기 바랍니다.

외상과 미수금 비율은 낮은가

"외상 거래는 안 합니다."

"외상을 갚지 않으면 꽃을 판매하지 않습니다."

언젠가 꽃도매상가에 갔다가 이러한 문구의 벽보를 출입구에서부터 상가 내부 곳곳에까지 붙여 놓은 것을 본 적이 있습니다.

외상 문제는 비단 그 도매시장에서뿐만 아니라 어느 곳에서든 심각한 것 같습니다. 특히 비수기에는 꽃집에서 꽃을 가져가기만 했지 외상을 갚지 않기 때문에 도매상 입장에서는 판매는 있어도 현금이 들어오지 않아 빚을 얻어서라도 자꾸 자금을 동원하는 경우도 많습니다.

그렇다고 외상을 주지 않으면 단골을 잃게 되니까 개인 도매상이 아닌 시장 차원에서 궁여지책으로 외상거래는 사양한다고 써 붙여 놓았으나 그리 큰 효과는 보지 못한 것 같았습니다.

이와 같이 꽃집 업계에서 외상이 문제되는 것은 꽃의 판매 특성 때문입니다. 꽃집은 방문고객이 많은 슈퍼마켓이나 백화점과는 달리 전화 주문에 의한 판매비율이 높습니다.

또 근조용 꽃같이 갑작스럽게 수요가 발생하는 것들이 있는데 대부분 상품이 먼저 배달되고 난 후에 결제가 이루어집니다. 그런데 그 결제가 곧바로 되면 문제가 없지만 고객들이 모두 성인군자 같지가 않아 꽃을 살 때만 급했지 돈 줄 때는 느긋이 미루는 사람도 있습니다.

모든 주문에 대해 입금이 확인된 후에 상품을 배달하게 되면 그렇게 하지 않는 꽃집들에게 고객을 빼앗기게 되는 딜레마에 빠지기 때문에 이렇게도 못하고 저렇게도 못하는 가운데 외상비율만 높아지는 경우가 많습니다.

이렇게 해서 외상판매비율이 높아진 꽃집들은 현금의 유동성이 없어져 도매상들에게 외상구매를 하게 되는 것 같습니다. 그러다 보면 도매상에는 목돈의 외상이 깔리고, 외상으로 판매된 것은 조금씩 수금이 되지만 그때그때 쓰게 되어 번 것은 없고 빚만 지게 되는 경우도 있습니다.

따라서 꽃집에서는 외상비율을 낮추거나 수금비율을 높여 현금의 유동성을 확보해야 합니다. 외상비율을 낮추려면 현금판매를 해야 하지만 그렇다고 현금판매를 고집하면 매출 확대가 어렵게 되기도 합니다.

매출 확대를 위해서는 외상판매를 신용판매 서비스 제공이라는 측면에서 실시하되, 선별적으로 외상판매를 하고 외상으로 판매한 후에는 수금비율을 높여야 할 것입니다.

이를테면 외상으로 판매할 수 있는 상대방을 먼저 충분히 조사한 뒤 선택해야 합니다. 수금이 걱정되는데도 불구하고 매상을 늘릴 수 있다고 해서 아무나 가리지 않고 외상을 주다가는 결제를 못 받기 십상입니다.

외상판매를 시작할 때는 지불조건을 분명히 명시해 두어야 합니다.

일단 팔고 나서 수금을 한다는 생각을 갖고 수금 일시나 방법에 대해 약속을 하지 않으면 수금이 곤란한 경우가 있습니다.

고정거래처의 경우는 매월 일정한 날과 일정한 방법을 정해 놓고 수금을 합니다. 질서가 없이 대금을 청구하면 고객들에게 불만을 심어 주고 될 대로 되라는 식의 반감을 일으키게 됩니다.

한편 상대방이 지불할 성의는 있으면서 사정상 지불이 늦어질 때가 있는데, 이 경우에는 가급적 재촉하는 것을 삼가야 합니다.

Key Point

- 미수금의 비율이 높게 되면 현금유동성이 떨어져 상품 구색도 떨어지고 도매상에 외상도 많아지게 된다.
- 외상기간이 길어지면 고객에게 신상 변화가 있거나 거래처의 도산으로 회수가 불가능하게 되는 경우가 발생할 수 있다.
- 신용카드, 폰뱅킹 등을 활용할 수 있도록 하여 외상판매비율을 줄이는 것이 좋다.

84.
통신주문과 통신배달 시스템을 잘 활용하고 있는가

우리나라 꽃집에서 판매되는 꽃 상품은 대부분이 선물용으로 이용되고 있습니다. 선물용으로 이용되는 비율이 높다 보니 고객이 꽃집을 직접 방문하여 구매한 후 상품을 가져가는 것보다는 통신으로 주문한 후 배달을 의뢰하는 경우가 훨씬 많습니다.

또 고객이 주문한 지역 외의 지역으로 배달을 의뢰하는 꽃 상품도 많아 다른 지역의 꽃집으로 배달을 의뢰하는 통신배달 상품도 많은 편입니다.

이에 따라 꽃집 업계에서는 적극적으로 통신주문과 통신배달 수요를 개척하고 있는 꽃집이나 관련 업체가 갈수록 증가하고 있는 추세이며, 이와 더불어 통신배달 시스템도 더 발달되고 있습니다.

따라서 꽃집에서는 상황에 따라 잘 활용하면 경영 효율성을 쉽게 높일 수 있으므로 통신주문과 통신배달 시스템이나 업체에 대해 충분히 숙지하고 적용 여부를 점검해 보았으면 합니다.

꽃배달업체에는 어떠한 곳이 있으며, 각각의 특징은 무엇인지 그것을 활용하고 있는지 말입니다. 만약 꽃집 매출액이 꽃집의 일반 소비자가 구매하는 것 위주이고, 꽃배달업체나 다른 업체의 주문에 의한 것이 미미하다면 그 비율을 높여 보세요.

꽃집 외의 업체(우체국, 신용카드회사, 백화점, 홈쇼핑업체 등)에서 꽃배달을 수주하고 있는 곳 중에는 규모가 큰 꽃집이나 꽃배달업체 또는 단체보다 훨씬 많은 꽃배달 수주를 맡고 있는 곳이 있습니다. 오프라인(꽃집)이 없는 상태에서 온라인 쇼핑몰만을 운영하고 있는 인터넷 업체 중에서도 꽃배달 수주와 발주를 많이 하는 곳이 있습니다.

이러한 업체들을 파악하고 그 업체에서 꽃집을 선택하는 방식이나 기준을 알아본 다음 접점을 찾고 교섭을 하여 상품 제작과 배달을 대행하게 되면 매출을 한꺼번에 많이 올릴 수 있습니다. 여하튼 통신주문과 배달 시스템 그리고 관련 업체를 파악하여 적극적으로 활용하면 꽃집의 발전에 큰 도움이 될 수 있습니다.

한편 국제화가 급속히 진행됨에 따라 국내에서 해외로, 해외에서 국내로 꽃배달 주문상품이 증가 추세를 보이고 있습니다.

그러므로 꽃집에서도 해외배달 주문상품에 대해 배달을 위탁할 수 있는 업체를 파악해 두어 필요시 이용하고, 해외에서 국내로 배달되는 상품에 대해서도 대행할 수 있도록 노력하는 것이 꽃집의 이미지나 고객관리 측면에서 유리할 것입니다.

Key Point

- 통신주문과 배달의 비율이 높아지고 있는 만큼 이를 효율적으로 활용해야 한다.
- 규모 있는 통신주문업체와의 제휴를 적극적으로 모색하여 활용하면 매출의 급신장을 쉽게 할 수 있다.

85.
꽃 통신배달 단체 등에
가입되어 있는가

세상이 빠르게 바뀌고 있습니다. 이런 세상에서 낙오되지 않으려면 스스로 시대의 흐름에 맞춰 변화하고 적응해야 합니다.

꽃집 업계도 지금 빠르게 변화하고 있습니다. 플라워디자인 스타일과 유통 시스템이 바뀌고, 고객들의 수준이 향상되는 등 내·외적으로 큰 변화를 맞이하고 있습니다.

특히 유통 시스템에서는 통신배달 주문이 증가하고, 꽃집 간의 업무제휴가 늘고 있으며, 관련 단체가 많이 결성됨은 물론 최근에는 프랜차이즈 체인점이 증가하는 등 조직화의 길을 걷고 있는 추세입니다.

따라서 꽃집들도 이러한 추세에 적극적으로 참여하고 그 시스템을 활용해야 합니다. 꽃집 업계에서 조직화를 추구하고 있는 것은 업계의 발전을 공동으로 모색하고 소비자에 대한 대응방안을 향상시키는 등 몇 가지 목적이 있습니다.

그 중 가장 현실적인 이유는 꽃의 통신배달량이 증가했기 때문인 것 같습니다. 꽃의 통신배달량이 증가하는 것은 방문 구매에 따른 판매

외의 매출 증대를 뜻하기 때문에 꽃집들이 조직화에 동참하는 것은 당연한 일이라 생각합니다.

그런데도 일부 꽃집에서는 시대 상황에 맞지 않게 통신배달의 부정적인 면만 생각하고 가입을 꺼리고 있는데, 그래서는 더 큰 발전이 어려울뿐더러 낙오될 수도 있습니다.

다소 부정적인 면이 있더라도 긍정적인 면이 많고 장래성이 있다면 과감히 도전해 볼 때 발전도 기대할 수 있습니다. 그러한 의미에서 꽃 통신배달 단체에 아직 가입하지 않았다면 가입을 고려해 보기 바랍니다.

꽃 통신배달 단체에 가입을 하게 되면 관련 정보를 빠르게 입수할 수 있습니다. 또 그곳에서는 회원안내 책자를 발간하여 전국의 꽃집이나 각 단체 및 회사 등에 배부하므로 꽃집의 홍보 효과를 볼 수 있습니다.

책자를 보는 사람 입장에서는 책자에 나와 있는 꽃집만을 선택적으로 볼 수 있기 때문에 수주 확률이 높아지는 것입니다. 이때 소비자들은 책자를 통해서만 꽃집을 평가하고 선택하므로 책자에는 꽃집을 최대한 어필할 수 있도록 해야 합니다.

꽃 통신배달 단체에 가입하는 것은 꽃집의 홍보와 꽃 수주 외에 발주 측면에서도 큰 의의가 있습니다. 소비자들 사이에서도 꽃배달 서비스에 대한 인식이 높아짐에 따라 고객 중에는 타지역으로 발송을 의뢰하는 경우가 자주 생기고 있습니다.

이러한 경우 고객의 요구를 거절하기보다는 고객 서비스 차원에서 배달해주어야 하는데, 꽃 통신배달 단체에 가입해 놓으면 타지역의 꽃집에 대한 정보가 있기 때문에 비교적 믿을 만한 곳에 시킬 수 있게 됩니다.

그런데 꽃 통신배달 단체에 가입을 안 했다면 무작정 관련 책자 등을 통해 주문을 하게 됩니다. 그럴 때는 서로가 잘 모르는 입장이기 때문에 상품이나 수금에 대한 신뢰성이 확실하지 않는 경우가 많습니다.

Key Point

- 통신배달 단체에 가입하는 것은 상권을 시외까지 넓히는 데 도움이 된다.
- 통신배달 단체에 가입함으로써 꽃의 통신배달 주문고객에게 보다 질 높은 서비스를 제공할 수 있다.

86.
통신배달의 발주량이
수주량보다 많은가

'전국꽃배달'이라고 쓴 입간판을 흔히 볼 수 있을 만큼 꽃집에서 꽃배달의 비중은 점차 커지고 있습니다.

꽃이라는 상품 특성상 우편이나 택배로 보내지 못하고 꽃을 받는 사람이 있는 곳 근처의 꽃집에서 제작 배달해야 하는 특성과 더불어 꽃 선물이 일상화되고 꽃배달에 대한 인식이 높아지면서 시내에서 시외나 국외에 있는 사람에게 꽃 선물하는 소비자가 많아진 결과입니다.

시내고객이 시내소비자에게 꽃배달을 의뢰하던 것에서 벗어나 타 지역으로 배달을 의뢰하는 주문량이 증가됨에 따라 꽃집 업계에서는 꽃집이 꽃집의 고객이 되는 경우가 빈번해지고 있습니다.

시외에서 시내로 배달을 해야 할 경우도 있습니다. 그러면 시외 꽃집이나 꽃배달업체가 시내에 있는 꽃집에게 상품을 제작하여 배달 의뢰를 하게 됩니다. 그렇기 때문에 꽃집 경영주 중에는 시외에서 시내로 배달되는 상품 수주를 위해 시외의 꽃배달업체나 큰 꽃집을 방문하여 영업하는 사례도 있습니다.

시내의 사람들이나 업체를 대상으로 영업을 하면 영업대상이 많은

데 비해 자신의 고객으로 될지 불투명하며 고객이 되어도 구매량이 많지 않지만, 시외에 있는 꽃집이나 꽃배달업체를 대상으로 영업을 하면 영업대상 수는 적은데 비해 거래가 이루어질 경우 일반 소비자들에 비해 주문량이 많기 때문입니다.

그런데 이것을 가만히 생각해 보면 짧은 생각입니다. 꽃집의 고객은 어디까지나 일반 소비자들이고 주고객은 지역의 소비자들인데도 이들보다는 다른 지역에 있는 꽃집을 대상으로 고객을 개발한다는 것은 모순이라고 생각합니다.

또 통신배달 발주량이 많은 꽃집에 영업을 하는 입장을 바꾸어 생각해 보면 자신의 꽃집에서 발주량이 많으면 다른 꽃집에서 자신의 꽃집을 고객으로 삼으려 노력을 할 것입니다.

그러므로 시외에 있는 꽃집과는 가능하다면 유대관계를 맺고 신뢰감을 조성하고 그로 인해 수·발주량을 많게 하는 것이 바람직하지만, 우선적으로는 지역에 있는 소비자들을 대상으로 고객 개발을 하는 데 더 노력을 기울이기 바랍니다.

최근 꽃배달업체를 중심으로 시외 지역으로 많이 발주한 꽃집은 많이 발주한 만큼 시외에서 시내로 배달할 상품을 발주하고 있습니다. 그러므로 시외보다는 시내의 고객 개발에 보다 적극적으로 투자를 하시기를 권합니다.

Key Point

- 시외로 발주하는 양이 많다면 시외에서 수주하는 양도 많게 되도록 전략적인 발주를 한다.
- 시외로 발주하는 양보다는 시외 수주량이 많다면 영업활동을 강화해서 발주량을 높이도록 한다.

87.
위탁체계를 효율적으로
활용하고 있는가

꽃집의 일을 위탁해 주는 업체가 점점 증가하고 있습니다. 특히 경조화환이나 상품의 배달 대행은 거의 일반화되어 가고 있습니다. 이렇게 위탁업체가 증가한 배경에는 몇 가지 요인이 복합적으로 작용한 것으로 보입니다.

배달직원이 없는 꽃집이 많은데 비해 배달비율이 높은 점, 작은 면적의 꽃집이 많은데 비해 일부 품목은 제작이나 분갈이 장소를 많이 차지한다는 점, 주문이 불규칙해 갑작스러운 주문에 쉽게 대응할 수 없는 점 등 꽃집이 자주 부딪치는 문제점을 해결해 주기 때문입니다.

그렇기 때문에 많은 꽃집들이 이 위탁체계에 대해 이해를 하고 실제로 활용을 하고 있는 것입니다. 그런데 어떤 꽃집에서는 무조건 자신의 꽃집에서 전부를 해결하려고 하는가 하면, 또 어떤 꽃집에서는 주문만 받고 나머지는 위탁업체에 다시 발주를 해버리는 경우가 있습니다.

만약 위탁체계를 전혀 이용하지 않거나, 반대로 위탁업체에 모두 발주를 하는 꽃집이 있다면 경영의 효율성 측면에서 한번쯤 분석해 볼 필요가 있습니다.

배달의 경우 배달직원을 두고 월급을 주는 것이 이익인지, 배달업체에 시키는 것이 이익인지, 또 꽃 가격의 변동이나 노동력을 감안할 때 어떤 위탁체계를 활용하는 것이 유리한지 나쁜지 등을 분석해 보세요. 그 분석 내용을 바탕으로 의식을 갖고 위탁체계를 효율적으로 활용하기 바랍니다.

위탁체계는 꽃집이 소비자로부터 주문 받은 것에 대해 마진만 남기고 위탁업체에 다시 주문하면 위탁업체에서 배달, 납품까지 하므로 참 편리한 체계라 할 수 있습니다.

그러나 좋은 점만 있는 것은 아닙니다. 위탁업체가 등장한 이후 몇 가지 부작용도 생기고 있습니다.

첫째는 꽃집에서 상품을 직접 제작하지 않아도 되므로 실력이 없는 사람도 꽃집을 하는 것이 가능하고 이것은 소비자들이 꽃집을 불신하는 원인으로 작용하고 있습니다.

둘째는 위탁업체들이 처음에는 꽃집에서 주문을 받다가 일정액의 매출이 오르면 도매에서 소매로 돌아서는 경우가 많습니다. 이때 소매가격은 꽃집에서 받는 가격보다 싸게 받으므로 그로 인해 지역 내에서 꽃집 경쟁력이 저하되는 경우가 발생합니다.

셋째는 위탁업체에서는 판매량이 많기 때문에 꽃집에서 예식장이나 장례식장, 개업식에 배달해 놓은 것들을 행사가 시작되기도 전에 회수하여 다시 판매하는 등 상품의 분실과 재사용에 의한 불신과 품질 저하의 원인을 제공하고 있기도 합니다.

따라서 위탁체계는 꽃집의 경영 상태나 상황에 따라서 효율적으로 활용하되, 무조건적으로 위탁체계를 활용하는 것에 대해서는 신중히 결정했으면 합니다.

Key Point

- 위탁체계를 잘 활용하면 꽃집을 보다 효율적으로 운영할 수 있다.
- 위탁체계의 이용 여부는 꽃집 경영의 효율성 측면에서 분석하고 결정해야 한다.

인터넷 쇼핑몰을
제대로 운영하고 있는가

최근 급성장하고 있는 꽃집들의 판매내역을 분석해 보니 무엇보다도 인터넷이 효자 역할을 단단히 하고 있었습니다. 그 가운데 인터넷으로 판매하는 비중이 전체 매출액의 50% 전후가 되는 꽃집도 많이 있었습니다.

앞으로도 인터넷으로 판매되는 양이 점점 증가될 것으로 보입니다. 이러한 추세에도 불구하고 여전히 인터넷 쇼핑몰이 개설되어 있지 않거나 개설되어 있어도 전혀 관리가 이루어지지 않고 방치해 놓은 꽃집이 많습니다.

인터넷 판매는 현시점에서 세금, 카드 수수료, 쇼핑몰의 관리비용 등 몇 가지 문제점이 있습니다. 그렇지만 좋은 점이 너무 많고, 앞으로 경쟁력을 갖추기 위해서는 반드시 개설하고 이를 효율적으로 운영해야 합니다.

좋은 점은 무엇보다 인터넷 쇼핑몰의 고객층과 구매상품이 기존의 오프라인 고객이나 상품과 차이가 나고 이는 꽃집의 발전 가능성과 직결된다는 점입니다.

기존의 오프라인 꽃집에서 판매되는 품목은 경조화환, 관엽식물 대품, 동서양란 등 업무용으로 이용되는 상품의 비중이 높은 편입니다. 따라서 고객도 회사나 중·장년층, 회사고객의 비율이 높았습니다. 한마디로 보수적인 고객이고, 단골고객 위주의 영업입니다.

  반면에 인터넷에서 꽃을 구입하는 고객은 주로 젊고, 화이트칼라층이 많습니다. 구매용도는 사랑의 선물용, 기념일용이 많으며 구매품목은 꽃바구니, 박스플라워, 꽃다발 등과 함께 케이크나 보석, 옷, 상품권 등 꽃 외의 상품까지도 구매합니다.

  이러한 품목들은 기존의 꽃집에서는 매출액 비중이 낮은 것들이고 시장 크기도 작은 품목입니다. 그런데 인터넷에서는 이들 품목 매출 비중이 높고, 전체적인 판매량이 증가하고 있는 실정입니다.

  따라서 인터넷 판매량을 늘리면 늘릴수록 금후 소비가 증가하는 사랑의 선물용이나 기념일용 품목시장을 선점할 수 있으며, 매장(오프라인)에서 판매하는 품목과 겹치는 비율이 낮아 전체적인 매출을 쉽게 증가시킬 수 있습니다.

  상품 측면 외에도 통신주문이 많은 곳에서는 외상이 문제가 되는데 쇼핑몰을 활용하면 외상비율을 줄일 수 있고, 주문도 쇼핑몰을 통해 할 수 있어 글씨나 메시지, 주문하고자 하는 상품에 대한 메시지를 보다 정확하게 전달하는 것이 가능함으로써 클레임 비율을 줄일 수 있습니다.

  이렇게 인터넷 판매는 중요하고 효율적으로 활용할 수 있는데도 도입하지 않거나 만들어 놓고도 방치해 두는 꽃집이 많습니다. 그 이유는 다양합니다.

"인터넷을 할 줄도 모르고 지식도 없어요."

"인터넷 쇼핑몰을 만들 비용도 없고 시간도 없어요."

"쇼핑몰이 잘되려면 홍보를 잘해야 하는 데 힘들어요."

이런저런 그럴싸한 이유를 들어 항변하는 경우가 많습니다. 하지만 이것은 자기를 합리화하기 위한 핑계일 뿐입니다. 확고한 의지만 있다면 가능하리라 생각합니다.

홈페이지를 못 만들어도 저렴하게 판매하는 프로그램이 있고, 시간을 내어 배우면 그렇게 오랜 시간이 걸리지 않습니다. 홍보 또한 명함, 책받침 등 다양한 곳에 인쇄하여 우선적으로 기존의 거래처부터 쇼핑몰을 방문할 수 있게 홍보하는 등 작은 것에서부터, 주위에서부터 시작하면 얼마든지 가능할 것입니다.

핑계거리를 대며 쇼핑몰 개설을 자꾸 미루고, 개설해 놓은 쇼핑몰도 관리를 하지 않으면 경쟁 꽃집은 오프라인과 온라인 두 개의 가게를 운영하고 있는 것에 비해 오프라인이라는 하나의 꽃집이기 때문에 경쟁이 되지 않습니다.

또 신진 세력들에게 뒤지고 맙니다. 심지어는 꽃집만 오래 했다는 것 외에 내세울 것이 없게 될 수도 있습니다.

Key Point
- 인터넷 쇼핑몰에서 판매되는 꽃의 양이 급속히 증가하고 있다.
- 인터넷 쇼핑몰의 고객이나 판매상품은 기존의 꽃집 고객이나 상품과 다소 차이가 있다.
- 인터넷 쇼핑몰의 개설과 운영은 필수적으로 되어가고 있다.

89.
꽃집을 방문한 고객이 웃으면서 나가는가

 꽃을 사러 온 고객의 얼굴을 유심히 살펴본 적이 있습니까? 살펴본 적이 있다면 들어올 때, 가격 교섭을 할 때, 꽃값을 낼 때, 그리고 나갈 때의 표정은 어떠했는지요?

평소에 고객들의 표정에 무심했다면 이러한 것을 지금부터라도 관찰을 해보기 바랍니다. 자세히 관찰해 보면 그동안 무심코 보아왔던 고객의 다양한 표정을 읽을 수 있습니다.

그 표정에 가게의 정리정돈, 접객, 상품의 구색과 질, 포장 수준, 가격 등에 대한 평가가 나타나는 것입니다. 가령, 꽃값을 교섭할 때는 너무 비싸다고 투덜거리다가도 꽃 포장이 다 되어 돈을 지불할 때는 입이 찢어질 정도로 좋아했다면 포장이 예상했던 것보다 좋아 훌륭한 상품을 싸게 샀다는 생각을 가졌다고 볼 수 있습니다.

이처럼 고객은 민감하므로 고객의 표정을 통해 가게를 점검해 본 다음 고객에게 만족감을 줄 수 있도록 끊임없이 노력해야만 발전하게 됩니다. 그렇지 않고 좋지 않은 것을 습관적으로 행하면서 가게를 운영하게 되면 고객은 발길을 돌리게 될 것입니다.

고객에게 만족감을 주어 외면당하지 않으려면 '당신만을 위해서' 라는 마음가짐을 갖고 '접객, 스마일, 청결감, 조심스런 행동' 외에 높은 기술 수준이나 상품 지식을 가지고 고객을 대해야 합니다. 한마디로 말해서 한번 방문한 고객이 지불한 돈에 비해 이득을 보았다는 생각을 갖고 웃으면서 나갈 수 있게 해야 합니다.

고객에게 만족감을 주려면 경영자 한 사람만의 노력으로는 쉽지 않습니다. 전 직원의 노력이 필요합니다. 고객 만족은 '직원 만족' 이 이루어진 다음 달성되므로 직원들이 밝고 활발하게 일할 수 있는 환경 조성이 필요합니다.

직원들을 가족처럼 생각하고 있는가

앞으로의 경영전략에 있어 최대의 키포인트는 '서비스 상품의 구축과 그 추진'에 있다고 합니다. 현재 꽃집 업계에서는 상품의 질이나 배달 서비스, 구색, 디자인 기술 등에 있어 꽃집 간에 격차가 별로 눈에 띄지 않는 실정입니다.

앞으로 고객들에게 가장 큰 감동과 메리트를 줄 수 있는 최대의 포인트는 호감, 친절함, 즐거움, 미소 등과 같은 소프트 서비스의 가치관에 의해 결정될 거라 생각합니다.

가령, 음식을 먹으러 간다고 했을 때 같은 맛을 가진 조건이라면 인간관계가 좋아 보이거나 붙임성이 좋은 주인이나 직원이 있는 곳을 찾기 마련입니다.

꽃집을 찾는 고객도 마찬가지일 것입니다. 똑같은 꽃, 비슷한 가격, 그만그만한 디자인 기술을 갖고 있는 꽃집이 여러 곳 있다면 그 중에서 제일 친절하고 개인적으로 친분이 있는 꽃집을 찾게 될 것입니다.

그러므로 경영주뿐만 아니라 직원들도 주인의식을 갖고 고객들에게 최대한의 서비스를 제공해야만 고객들로부터 사랑을 받을 수 있습니다. 경영주는 직원들이 주인의식을 갖고 일할 수 있는 여건을 만들어 주어야 합니다.

직원들이 마음으로부터 자신의 일처럼 생각하며 즐겁게 일할 수 있도록 직원들을 가족처럼 생각하고 따스한 인간적인 유대를 맺어 보십시오. 경영주가 직원을 가족처럼 생각하고 배려하는 한 직원들도 "내 일이 아니니까"하는 식의 무책임한 생각을 갖고 고객을 맞이하지는 않을 테니까요.

6장

처음의 마음으로 미래를
준비하라

91.
경쟁 꽃집에 뒤지지 않겠다는 각오가 있는가

학교 다닐 때 성적은 어떠했습니까? 상위권에 속했다면 아마도 순위 다툼을 하는 경쟁자가 있었을 것입니다. 그래서 다음번의 시험에서는 경쟁자를 앞지르겠다는 결심을 하고 공부한 적이 있었을 것입니다. 그러나 하위권이었다면 대개 누구를 앞질러야겠다는 생각을 갖기보다는 이번에는 몇 등 이내에 들어야겠다고 목표를 설정하고 공부를 했을 것입니다.

꽃집 경영에서도 이와 같은 이치가 적용되는 듯합니다. 매출이 많은 꽃집들은 대부분 경쟁 꽃집을 의식하고 있습니다. 반면에 규모가 작은 꽃집들은 "어떤 꽃집과 경쟁하고 있습니까?"라고 물으면 "글쎄요"라고 대답하는 경우가 많습니다.

"경쟁 꽃집을 정해 놓는다고 해서 무슨 차이가 있겠어요."

어떤 꽃집 경영주는 이렇게 말하기도 합니다. 그러나 경쟁 꽃집을 의식하는 것은 목표를 정해 놓은 것이기 때문에 그것을 달성하려는 노력이 쉽게 되는 것입니다.

규모가 크면 큰 대로 작으면 작은 대로 경쟁 꽃집을 설정하거나 목표를 정해 놓고 노력을 하면 발전이 빠를 수 있습니다.

예를 들어 처음에는 읍내에서 가장 잘되는 꽃집을 경쟁 대상으로 한 다음, 2년 내에 그 꽃집을 앞서겠다는 목표를 갖고 노력하십시오. 2년 후에 그 꽃집을 추월했다면 3년 후에는 군이나 시에서 최고가 되겠다는 목표를 세우고 노력하십시오.

3년 후에 목표를 달성하게 되면 이젠 도에서 최고가 되겠다는 목표를 세우십시오. 그 다음에는 우리나라 최고의 꽃집을 만들겠다는 단계적 목표를 가지고 노력하면 계획보다 늦거나 빠른 변동사항은 있더라도 발전만큼은 확실할 것입니다.

22.
자나 깨나 꽃집의 발전을
생각하고 행동하는가

　　잠재의식 속에 뭔가 이루고자 하는 열망이 있으면 그것이 현실화된다고 합니다. 마찬가지로 자나 깨나 꽃집의 발전에 대해 생각하고 있다면 자신도 모르게 디자인 능력이 향상되고 꽃집의 경영이 순조로워집니다.

　자나 깨나 꽃집의 발전에 대해 생각하고 있냐와 아니냐는 의식의 차이입니다. 늘 장사가 잘되게 하겠다는 의식을 갖고 있으면 TV나 잡지에 나오는 마케팅에 관련된 정보를 빠짐없이 보게 됩니다. 또 플라워디자인 관련 사진이나 기사가 있으면 스크랩을 해둡니다. 그렇게 얻은 정보와 지식을 가게의 경영에 즉시 적용하게 됩니다.

　반면에 의식이 없으면 TV나 잡지에 꽃집이나 플라워디자인에 관련된 내용이 있어도 '그런 것도 있구나' 혹은 '이런 추세구나' 하는 정도로만 받아들이고 자신과 결부시키지 않습니다. 그러면 디자인 능력의 향상도 꽃집의 발전도 더디게 되는 것입니다.

　따라서 자나 깨나 꽃집의 발전에 대해 생각하고 행동하는 것이 꽃집의 발전과 연결된다는 사실을 한시라도 잊어서는 안 됩니다.

93.
이론 무장을 위해 노력하고 있는가

꽃집 경영도 이제는 전쟁이라고 표현해도 될 만큼 경쟁이 치열해지고 있습니다. 경쟁이 치열해지고 있는 만큼 과거의 체질만을 고집해서는 안 되는 상황이 되었습니다.

이제는 경영 내적인 면에서도 도약을 해야 할 단계에 와 있습니다. 도약을 위해서는 "아는 것이 힘이다"라는 말처럼 많이 알아야 합니다. 소비자의 욕구 변화, 선진 경영 기술, 상품에 대한 지식 등 꽃집의 경영과 관련된 것들을 예리하게 파악하고 공부해야 합니다.

다시 말해서 실제 체험하는 것을 이론으로 재무장해야 합니다. 그렇지 않고 이제까지의 경험만 의지하여 경영해서는 결코 경쟁에서 승리할 수 없습니다.

요즘 꽃집 업계를 보면 급신장하는 꽃집들은 대개가 젊은 사람이 경영주인 경향을 보이고 있습니다. 이 업계에서 나이 드신 분들은 꽃이 많이 팔리지 않던 시절부터 가게를 개업하여 지역의 꽃 수요를 개척하여 왔습니다. 그렇기 때문에 경영주 자신이 주체가 되어 꽃집을 발전시켜 왔으며, 지역에서 최고라는 자부심을 갖고 느긋하게 꽃집을 운영하고 있습니다. 즉, 경험이 긴 만큼 자신의 주관에 빠져 다른 사람의 의견을 듣는 일이 적으며, 자신의 생각 위주로 가게를 꾸미고 운영하고 있습니다.

반면에 젊은 경영주들은 꿈을 가지고 경영을 배우며 모든 것을 흡수하려는 기분으로 꽃집의 운영에 임하고 있습니다. 고객의 취향을 조사하여 그에 대응하고 꽃이 팔려나가는 것에 기쁨을 느끼면서 더욱더 노력을 하고 있습니다.

과거의 영광은 없어도, 미래의 영광을 꿈꾸고 배우며 노력하고 있기 때문에 발전이 빠른 것입니다.

Key Point
- 최근 급신장하는 꽃집의 경영주 중에는 젊은 사람이 많다.
- 젊은 경영주들은 이론을 배우고 실천하는 데 적극적인 경우가 많다.

94.
전문 잡지나 서적을 읽고 있는가

소비자들은 신문이나 잡지의 기사, 광고 등 각종 매스미디어를 통해 상품이나 유통 시스템에 대한 많은 지식과 정보를 얻고 있습니다.

갈수록 소비자의 수준이 높아지고 있으므로 상품을 공급하는 측은 자신의 분야에서만큼은 소비자보다 더 많은 지식을 갖추어야 살아남을 수 있게 되었습니다.

특히 이미지상품이자 유행상품으로 디자인이 빠르게 변하고 있는 꽃을 취급하고 있는 꽃집에서는 빠르게 변화하고 있는 디자인이나 업계 상황을 수용하지 못한 채 구태의연한 디자인을 한다면 계속해서 고객을 끌 수 없습니다.

따라서 업계에서 발행되고 있는 전문 잡지나 서적을 통해 전문적인 지식과 유행하는 디자인을 재빨리 수용하여 활용할 필요가 있습니다. 전문 잡지에는 놓쳐서는 안 될 최신의 정보들이 가득 차 있습니다. 전문적인 경영자, 준비된 경영자가 되려면 그런 월간지 하나쯤은 구독하는 자세를 가져야 한다고 생각합니다.

전문 잡지에는 신간 안내뿐만 아니라 각종 데먼스트레이션이나 전시회도 소개되므로 주기적으로 참여해서 디자인의 변화나 관련된 정보를 수집하여 활용해야 미래에 대처할 수 있습니다.

전문 서적 또한 전문가들의 노하우를 공개한 것이 많으므로 이를 활용하면 꽃집의 발전에 크게 도움이 될 것입니다.

95.
지역사회 활동에 열심인가

 우리 사회에서는 혈연, 학연, 지연에 대한 애착이 심해서 소속감을 중요시하는 경향이 많습니다. 특히 소도시나 시골에서는 이와 같은 유대감을 중요시하기 때문에 타지역이나 다른 학교 출신들은 자유업에 종사하기가 어려울 정도입니다.

자유업을 하는 사람들은 혈연, 학연, 지연 등 이미 결정되어 버린 것은 어쩔 수 없지만 그나마 장사 환경을 개선하기 위해 유력 단체에 가입을 하고 있는 경우가 많습니다. 꽃집도 장사인 이상 지역사회 활동을 얼마나 열심히 하느냐에 따라 영향을 많이 받습니다.

그래서 일부 꽃집 경영주들은 비즈니스에 도움이 될 만한 단체에 가입하는 예도 있는데, 여러 곳에 가입하는 분들도 있고 한 군데만 가입하는 분들도 있습니다. 또한 단체에 이름만 걸어 놓는데 만족하는 사람도 있고, 단체와 회원들의 가치를 높이기 위해 열심히 활동하는 사람도 있습니다.

어느 경우이든 비즈니스에 있어서 한 가지 분명한 진리는 사람들은 자기와 친밀하다고 생각되는 사람과 거래를 한다는 점입니다. 그러므로 단체나 협회에 가입하면 친밀한 사람들을 많이 만들 수 있다는 점에서 참여를 적극적으로 권장합니다.

다만 너무 눈에 보이는 목적으로 가입한다면 사람들은 결코 친구가 되거나 거래처가 되어 주지 않을 것입니다. 열심히 일할 마음으로 활동하는 모습을 보여 주어야 꽃집의 일에도 그와 같이 노력할 것으로 믿고 고객이 되어 줄 것입니다.

다른 사람들로부터 평판이 좋은가

"너 자신을 알라"고 하는 유명한 말이 있지만, 사실 자기가 자신을 평가할 때는 주관적으로 되기 쉽습니다. 남이 보았을 때는 커다란 단점임에도 불구하고 정작 자신은 그것을 합리화한다든가, 단점을 단점으로 보지 않는 경향이 많습니다.

꽃집 경영에 대해 스스로 판단하는 것 역시 마찬가지입니다. 경영주가 자신의 가게를 점검해 보면 문제점을 제대로 찾아내지 못하는 경우가 많습니다. 오히려 자기만족에 빠지는 경영주도 있습니다.

제삼자가 보기에는 경영방침, 상품의 디자인, 접객 방법 등에 분명히 문제가 있는데도 불구하고 경영주 자신은 현재의 매출 상태만 보고는 자기만족에 빠져 아무 대책도 세우지 않는 경우도 있습니다.

이처럼 문제점을 제대로 직시하지 못하고 아무런 대책 없이 있으면 현재는 장사가 잘되고 있어도 장기적으로는 문제점이 서서히 힘을 발휘하여 가게의 발전을 저해합니다. 더욱더 심해지면 가게의 존재를 어렵게까지 합니다.

따라서 자신의 꽃집에 대해서 고객의 입장이 되어 객관적으로 평가해 보기 바랍니다. 또 고객이나 거래처에서는 자기의 꽃집을 어떻게 평가하고 있는가를 수시로 점검하기를 바랍니다. 그러고 나서 문제점이 있으면 고치고, 좋은 점은 더욱 살려 점점 더 발전하는 꽃집으로 만들어야 할 것입니다.

97.
본업에 최대한 열중하고 있는가

대부분의 사람들은 돈을 벌기 위해 꽃집을 하고 있습니다. 그런데 돈을 벌려고 시작한 본업에 열중하지 않고 이 핑계 저 핑계로 가게를 돌보지 않고 다른 볼일을 보러 다니는 분들이 무척이나 많이 있습니다.

물론 최근에 유행하는 플라워디자인을 습득한다거나 영업활동 때문에 또는 정보 입수를 위해 등등 저마다 그럴싸한 이유가 있을 수 있습니다. 그렇지만 그러한 것들은 돈을 어느 정도 번 다음에 할 수 있는 일들입니다.

돈이 모이지 않게 되면 마음 놓고 선진 외국의 꽃집을 시찰하거나, 디자인을 습득하거나, 고급고객을 대상으로 한 영업을 하거나, 사교 활동을 하는 것이 어렵습니다.

무엇보다도 먼저 꽃집의 발전에 전력투구하여 돈을 모으는 데 열중했으면 합니다. 돈이라는 게 한번 모이기 시작하면 점점 더 모이게 되는 것입니다.

하고 싶은 것 다 하면서 장사가 안 된다고 불평불만을 털어놓는 것은 경영주로서 문제가 있다고 봅니다. 사람의 능력에는 한계가 있는데, 에너지를 분산시켜 놓고 되지 않는다고 하면 완전히 도둑놈 심보를 가진 것이나 마찬가지입니다.

잠잘 것 다 자고, 다니고 싶은 곳 다 다니면서도 남이 잘되면 그 사람은 운이 좋아 성공했다고 말하며 자기 위안을 삼는 부류의 경영주라면 꽃집의 발전은 있을 수 없습니다.

- 본업에 에너지를 집중시킨 다음 목표를 달성하도록 한다.
- 목표가 달성되어야만 취미생활이나 대외활동도 마음 편하게 할 수가 있다.

적어도 5년 앞을 내다보고 있는가

"10년이면 강산도 변한다"는 말이 있습니다. 그런데 오늘날은 그 변화속도가 더욱더 빨라져서 오늘날의 5년이라는 것은 옛날의 50년, 100년에 버금가는 의미를 갖고 있습니다.

이렇듯 급변하는 시대에는 오늘의 영광에만 만족하고 변화에 대비하지 못하면 결국 도태될 수밖에 없습니다. 꽃집의 경영도 예외일 수 없습니다.

오늘 당장의 잇속만을 생각하는 식의 경영은 위험합니다. 경영자라면 적어도 항상 5년 앞의 가게 모습을 머리속에 그리며 계획을 세울 필요가 있습니다.

우선 꽃집 주변 환경이 앞으로 어떻게 바뀔지 살펴보십시오. 도시계획이나 상권의 변화는 어떻게 될 것이며, 그에 따른 대응책은 무엇인지 미리 파악하고 대비를 해야 합니다.

또 소비자들의 성향과 디자인의 변화, 유통시스템의 변화에 대한 동향을 살펴 유행 트렌드를 읽고 시대 흐름에 뒤지지 않도록 해야 합니다.

이외에도 상품별 매출 상태가 어떻게 변화하는지를 점검하면서 앞으로 어떻게 구색을 갖추어 나가야 할지, 꽃집의 규모는 얼마나 늘릴지, 직원은 얼마나 증원할지, 성장률에 어떤 변화가 있을지 등에 대해 점검해 보아야 합니다. 또 그에 따라 어떤 대비책을 세워야 될지에 대해서도 생각해야 합니다.

이렇게 앞을 내다보며 경영을 하게 되면 새로운 도약의 기회를 마련할 수도 있습니다. 따라서 변화를 읽고 미래를 준비하는 일에 게으르지 말아야 합니다.

알고 있는 것을 실천에 옮기고 있는가

경영에 대해 잘 알고 있는 것과 돈을 잘 버는 것은 별개라고 생각합니다.

화훼 농가를 방문해 보면 이상하게도 새마을 지도자나 작목반장 농장의 화훼 생육 상태가 제일 좋지 않은 경우가 있습니다. 새마을 지도자나 작목반장은 그 지역에서 나름대로 똑똑한 분들로 전문 지식도 많이 지니고 있습니다.

그럼에도 불구하고 화훼 생육 상태가 좋지 않은 것은 회의 참석이나 연수 등 농사 이외의 일로 바빠서 자신들의 농장을 소홀하게 돌본 데서 기인한 경우가 많습니다. 즉, 알고는 있어도 실천에 옮길 틈이 없었던 것입니다.

이와 마찬가지로 경영주가 아무리 원대한 목표와 계획이 있고 실력이 있어도 알고 있는 것을 실천에 옮기지 않으면 무의미한 것입니다. 누구나 높은 이상을 가질 수는 있습니다. 그러나 그것을 성취할 수 있느냐 없느냐 하는 것은 좋은 방법과 이상을 실천하려는 노력 여부에 달려 있는 것입니다.

꽃집 경영에 대해 많은 것을 알고 있어도 그것을 발전적인 방향으로 행하지 않으면 매출 확대를 기대할 수 없습니다. 꽃집은 그동안 순조롭게 성장만 해오다 꽃집 간의 경쟁이 가열되는 등 이제껏 경험해 보지 못한 많은 변화를 맞고 있습니다.

급격한 변화의 시대에는 목표를 명확히 세우고 그 목표를 향해 노력하는 사람만이 보답을 받는다고 생각합니다. 어려운 시대일수록 많이 알려고 노력하고, 알고 있는 것을 실천에 옮겨 몸이 부서질 만큼 도전해 보았으면 합니다.

100.
처음과 같은 마음으로 하고 있는가

무슨 일이든 처음 시작할 때와 같은 마음으로만 한다면 성공할 수 있다고 생각합니다. 그런데 사람들은 조금 잘되면 긴장이 풀어지고 처음 시작했던 때와는 다른 마음을 품는 경향이 있습니다. 그 결과 정치인들은 사회적 지탄을 받게 되고, 사업을 하는 사람들은 사업체가 허망하게 무너지는 경우를 종종 보게 됩니다.

당신은 꽃집을 처음 시작할 때의 마음가짐을 그대로 간직하고 있습니까? 아니면 적당히 현실과 타협하고 그냥 그렇게 세월을 보내고 있습니까?

'몇 년 후에 어떠한 꽃집으로 발전시키겠다' 는 포부를 가지고 시작했는데, 현재 별 의욕 없이 꽃집을 경영하고 있다면 초심을 다시 찾기를 바랍니다.

초심대로 열심히 장사를 했지만 방법이 나빴거나 운이 안 좋았다고 말하는 분도 있습니다. 그런데 방법이 나빴다는 것은 좋은 방법을 찾기 위해 노력하지 않았다는 의미로 볼 수 있습니다. 이것은 결국 초심대로 하지 않은 데 이유가 있다고 생각합니다.

초심을 잃으면 무엇이든 이루고자 하는 열정이 사라져 버립니다. 귀찮고 힘들게만 생각하여 발전적 모색을 하지 않게 됩니다. 그러므로 다시 한 번 꽃집과 경영주 자신의 발전을 위해 초심으로 되돌아가 노력하였으면 합니다.

꽃 지식과 꽃집 경영에 도움이 되는 글 자료

화훼협회보

허북구. 1991. 원예치료의 역사와 효과. 화훼협회보 122:32-33.

허북구. 1991. 실내의 공기를 정화하는 식물. 화훼협회보 123:28-29.

허북구. 1991. 식용화훼. 화훼협회보 124:30-31.

허북구. 1991. 경조화환문화. 화훼협회보 125:36-37.

허북구. 1992. 상업공간에서 그 역할이 증대되고 있는 관엽식물. 화훼협회보 126:40-41.

허북구. 1992. 정신병원에서 치료 및 환경요인으로서의 꽃. 화훼협회보 127:25.

허북구. 1992. 국제간 꽃문화 비교조사의 필요성. 화훼협회보 128:28-29.

허북구. 1992. 원예활동의 폭넓은 기회는 건전사회의 원동력. 화훼협회보 129:24-25.

허북구. 1992. 인간다운 삶을 영위케하는 원예활동. 화훼협회보 130:26-27.

허북구. 1992. 꽃이 인간에게 미치는 심리적 효과. 화훼협회보 131:30-31.

허북구. 1992. 외과수술 후의 환자들에게 긍정적인 영향을 주는 창밖의 푸른 숲. 화훼협회보 132:32-33.

허북구. 1992. 화훼산업을 이끌어갈 주역은 생산자이다. 화훼협회보 133:30-31.

허북구. 1992. 꽃의 향기가 생체에 미치는 영향. 화훼협회보 134:32-33.

허북구. 1992. 화훼 관련자간 횡적교류의 필요성. 화훼협회보 135:28-29.

허북구. 1992. 화훼생산과 이용의 효율화를 위한 사회원예학. 화훼협회보 136:30-31.

허북구. 1992. 한국 동양식 꽃꽂이에 있어서 소재의 변화경향. 화훼협회보 137:30-32.

허북구. 1993. 화훼의 라이프사이클. 화훼협회보 138:38-40.

허북구. 1993. 화훼의 생산과 소비에도 한국형을 생각해 보자. 화훼협회보 139:25-26.

허북구. 1993. 꽃꽂이 전시회를 통해서 본 관람자의 성향과 행태분석. 화훼협회보 140:26-28.

허북구. 1993. 한국인의 꽃 감상 유형과 특성에 관한 고찰. 화훼협회보 141:24-27.

허북구. 1993. 노변원예의 이용실태와 역할. 화훼협회보 142:38-41.

허북구. 1993. 커피숍에 있어서 좌석의 이용시간, 이용횟수 및 선호도에 미치는 꽃의 영향.

화훼협회보 143:28-29.

허북구. 1993. 화훼소비 촉진방안에 있어서 플라워디자이너의 비중과 역할. 화훼협회보 144:28-30.

허북구. 1993. 경조사 화환금지는 국민의 정서추구권리를 침해하는 행위이다. 화훼협회보 145:28-29.

허북구. 1993. 뇌사위기에 직면한 신한국의 꽃과 되새겨 보는 원예의 의미. 화훼협회보 146:28-29.

허북구. 1993. 국민학교 교과서 및 학교원에 나타난 원예식물의 내용과 육성사상. 화훼협회보 147:17-19.

허북구. 1993. 장기입원자 병실에 있어서 원예식물의 이용과 역할. 화훼협회보 148:28-30.

허북구. 1993. 드라이플라워용 소재의 종류와 내용. 화훼협회보 149:20-23.

허북구. 1994. 원예자재 개발은 화훼산업을 활력 있게 바꾸어 놓을 수 있다. 화훼협회보 150:26-29.

허북구. 1994. 화훼산업에 있어서 비디오교재의 제작 및 활용방안. 화훼협회보 151:22-25.

허북구. 1994. 화훼산업에 대한 시각과 정체기를 맞이한 세계의 화훼생산. 화훼협회보 152:24-25.

허북구. 1994. 장래희망과 인기학과 그리고 차세대 화훼산업을 위한 이미지 개선의 필요성. 화훼협회보 153:22-23.

허북구. 1994. 한국절화협동조합에 거는 기대. 화훼협회보 154:24-25.

허북구. 1994. 꽃중독. 화훼협회보 155:28-29.

허북구. 1994. 꽃다발에 관한 소고. 화훼협회보 156:28-30.

허북구. 1994. 변화되어야 할 꽃가게. 화훼협회보 157:20-21.

허북구. 1994. 묘화. 화훼협회보 158:24-25.

허북구. 1994. 꽃의 유행. 화훼협회보 159:20-21.

허북구. 1994. 변화하고 있는 결혼식의 꽃 문화. 화훼협회보 160:28-29.

허북구. 1994. 모델하우스의 꽃. 화훼협회보 161:24-25.

허북구. 1995. 가격파괴 시대의 화훼산업. 화훼협회보 162:32-33.

허북구. 1995. TV방송의 꽃. 화훼협회보 163:22-23.

허북구. 1995. 화훼전문지의 출판 및 구독문화의 현실. 화훼협회보 164:28-29.

허북구. 1995. 화환에 상용되고 있는 절화의 종류와 특성. 화훼협회보 165:24-25.

허북구. 1995. 축하일과 기념일의 꽃 선물. 화훼협회보 166:26-27.

허북구. 1995. 꽃의 통신 및 가정배달. 화훼협회보 167:20-21.

허북구. 1995. 화훼의 카탈로그 마케팅. 화훼협회보 169:20-21.

허북구. 1995. 꽃다발 공장과 가공꽃다발. 화훼협회보 170:27-29.

허북구. 1995. 병실의 꽃과 병원감염. 화훼협회보 171:26-28.

허북구. 1995. 기호품화되고 있는 음식산업과 꽃. 화훼협회보 172:24-25.

허북구. 1995. 우리 꽃이 배제된 광주비엔날레. 화훼협회보 173:24-25.

허북구. 1996. 윤달의 교훈. 화훼협회보 174:30-31.

허북구. 1996. 역학으로 본 '96병자년 예언과 그에 따른 화훼생산방향. 화훼협회보 175:28-29.

허북구. 1996. 도서상품권과 꽃. 화훼협회보 176:44-45.

허북구. 1996. 여성잡지 속의 원예정보. 화훼협회보 177:36-37.

허북구. 1996. 컬트원예. 화훼협회보 178:22-23.

농경과 원예

허북구. 1997. 생산자도 마케팅과 친구가 되자. 농경과 원예 12(4):210-211.

허북구. 1997. 궁합 맞는 품목의 선택이 반 농사다. 농경과 원예 12(5):210-211.

허북구. 1997. 소비확대를 꾀하는 브랜드마케팅. 농경과 원예 12(6):210-211.

허북구. 1997. 꽃의 전략적인 출하와 시장선택. 농경과 원예 12(7):210-211.

허북구. 1997. 분재의 계층화 전략. 농경과 원예 12(8):210-211.

허북구. 1997. 화훼의 산지화 전략. 농경과 원예 12(9):206-207.

허북구. 1997. 화훼의 계약재배 및 직거래 가능성과 대응전략. 농경과 원예 12(10):206-207.

허북구. 1997. 화훼 소비 정보의 선도유지와 활용. 농경과 원예 12(11):206-207.

애그리비즈니스

허북구. 2001. 장미파동 예방, 시장을 읽는 것으로부터. 애그리비즈니스 2(5):40-41.

허북구. 2001. 춤추는 국화 값, 일본시장 공략만이 살길. 애그리비즈니스 2(6):54-55.

허북구. 2001. 내부요인이 꽃 품질 결정하는 시대 곧 온다. 애그리비즈니스 2(7):48-49.

허북구. 2001. 시대에 맞춰 팔리는 꽃 상품 만들자. 애그리비즈니스 2(8):36-37.

허북구. 2001. 꽃집 주인이 왕 노릇 하는 유통구조 개선돼야. 애그리비즈니스 2(9):42-43.

허북구. 2001. 화훼비즈니스, 꽃 문화 파악에서. 애그리비즈니스 2(10):40-41.

허북구. 2001. 선인장, 이제 업무용 수요를 개척할 때다. 애그리비즈니스 2(11):50-51.

허북구. 2001. 난의 품생품사, 난의 생사는 이미지에 달렸다. 애그리비즈니스 2(12):26-29.

허북구. 2002. 관엽식물, 부가가치 높인 차별화 전망 좋다. 애그리비즈니스 3(1):34-35.

플라워저널

허북구. 1996. 꽃집의 개업에서 경영까지; 여성과 꽃집. 플라워저널 1(6):68.

허북구. 1996. 꽃집 경영이념과 목표. 플라워저널 1(11):69.

허북구. 1996. 주력과 준주력 및 기타 상품의 구성. 플라워저널 1(12):69.

허북구. 1997. 시류에 적응하는 상품개발과 마케팅 전략을 지향하라. 플라워저널 2(2):66.

허북구. 1997. FC가맹은 안전경영의 한 방법이다. 플라워저널 2(3):70.

허북구. 1997. 꽃 가격의 차별화와 기술료의 유료화. 플라워저널 2(6):68.

허북구. 1997. 메시지를 발신하여 잠재고객을 붙잡자. 플라워저널 2(7):79.

허북구. 1997. 돈을 벌려면 버는 습관을 몸에 익히자. 플라워저널 2(8):70.

허북구. 1997. 방문구매시 접객 에티켓. 플라워저널 2(11):72.

허북구. 1997. 경영분석을 통한 매출확대 방안모색. 플라워저널 2(12):73.

허북구. 1998. 새해경영 목표설정과 실행을 기대한다. 플라워저널 3(1):72.

허북구. 1998. IMF시대의 꽃집 매출확대 방안. 플라워저널 3(3):53.

허북구. 1998. 꽃의 구매전략. 플라워저널 3(5):45.

허북구. 1999. 플라워샵 체인점의 득과 실. 플라워저널 4(2):70-71.

허북구. 1999. 왕따를 조심하라. 플라워저널 4(3):80-81.

허북구. 2000. 누이 좋고 매부 좋은 이 업종간 공동마케팅. 플라워저널 5(1):66-67.

허북구. 2000. 인터넷 시대의 도래와 꽃의 가격전략. 플라워저널 5(2):130-131.

허북구. 2000. 인터넷 시대의 도래와 플라워샵의 입지전략. 플라워저널 5(3):132-133.

허북구. 2000. 플라워샵의 입지와 경영형태. 플라워저널 5(5):118-119.

허북구. 2000. 꽃의 스토리를 이용한 판매전략. 플라워저널 5(6):114-115.

허북구. 2000. 경조화환+신상품의 꽃 소비 문화를 만들자. 플라워저널 5(7):118-119.

허북구. 2000. 장의용 꽃의 무한한 비즈니스 가능성. 플라워저널 5(8):122-123.

허북구. 2000. 정보화, 규모화, 경쟁가열시대의 리더는 소매업이다. 플라워저널 5(9):110-111.

허북구. 2000. 웨딩부케의 가격파괴, 어떻게 대처해야 할까. 플라워저널 5(10):120-121.

허북구. 2001. 인형 뽑는 기계에서 배우는 꽃의 판매전략. 플라워저널 6(1):72-73.

허북구. 2001. 꽃집업계도 거품을 빼자. 플라워저널 6(2):72-73.

허북구. 2001. 꽃말 표준화는 효율적인 꽃말 마케팅의 지름길이다. 플라워저널 6(3):72-73.

허북구. 2001. 난의 소비확대를 위한 논리개발과 가격설정 방향. 플라워저널 6(4):64-65.

허북구. 2001. 기분 좋은 5월이 되게 하려면. 플라워저널 6(5):58-59.

허북구. 2001. 꽃 자판기 시대의 도래와 플라워샵의 대응. 플라워저널 6(6):66-67.

허북구. 2001. 꽃의 소비확대와 경영의 효율성을 높이는 상품과 자재개발. 플라워저널 6(7):72-73.

허북구. 2001. 실력 있는 플라워샵이 보상받을 수 있는 문화를 조성해야. 플라워저널 6(8):76-77.

허북구. 2001. 매출액을 높이려면 꽃만을 팔아야 한다는 고정관념을 버려야 한다. 플라워저널 6(9):76-77.

허북구. 2001. 꽃 자격증, 마케팅에 적극적으로 활용할 수 있도록 하자. 플라워저널 6(10):72-73.

허북구. 2001. 세계화 시대에 즈음한 플라워샵의 상품 전략. 플라워저널 6(11):72-73.

허북구. 2002. 밝고 예쁜 이미지의 플라워샵을 만들자. 플라워저널 7(1):78-79.

허북구. 2002. 우리 문화에 맞는 꽃 상품의 개발과 보급으로 경쟁력을 높이자. 플라워저널 7(2): 92-93.

허북구. 2002. 성공한 플라워샵, 실패한 플라워샵. 플라워저널 7(3):88-89.

허북구. 2002. 화이트데이의 꽃 판매 형태와 어버이날의 판매전략. 플라워저널 7(4):76-77.

허북구. 2002. 취약품목의 판매비율을 높이자. 플라워저널 7(5):100-101.

허북구. 2002. 플라워샵 상호에 대한 소비자들의 견해. 플라워저널 7(6):70-71.

허북구. 2002. 꽃 쇼핑몰과 웹디자인에 대한 소비자들의 견해. 플라워저널 7(8):68-69.

허북구. 2002. 주 5일 근무제에 따른 꽃수요 행태변화에 능동적으로 대처해야. 플라워저널 7(9):62-63.

허북구. 2002. 고객의 정보관리 필요성과 방법. 플라워저널 7(10):80-81.

허북구. 2002. 꽃꽂이 교실의 상품 전략. 플라워저널 7(11):96-97.

허북구. 2002. 경영분석 미루지 말고 12월에 끝내야. 플라워저널 7(12):102-103.

허북구. 2003. 새해의 매출계획을 세우자. 플라워저널 8(1):126-127.

허북구. 2003. 꽃배달 주문지역과 배달지역의 분석 및 활용. 플라워저널 8(2):152-153.

허북구. 2003. 개성 있는 플라워샵을 만들기 위한 상품구성. 플라워저널 8(3):120-121.

허북구. 2003. 수금관리를 철저히 하여 경영의 효율성을 높이자. 플라워저널 8(4):120-121.

허북구. 2003. 플라워샵의 발전은 고객개발에서부터. 플라워저널 8(5):124-125.

허북구. 2003. 주문 접수증은 고객정보의 보물창고이다. 플라워저널 8(6):102-103.

허북구. 2003. 경영의 효율을 높이는 판매방식 및 품목별 이익관리. 플라워저널 8(7):90-91.

허북구. 2003. 손익분기점 매출액을 조사하고 대응책을 세우자. 플라워저널 8(8):76-77.

허북구. 2003. 고객서비스와 조직화는 상품 못지 않게 중요하다. 플라워저널 8(9):84-85.

허북구. 2003. 전환기의 플라워샵과 그에 따른 대응방안. 플라워저널 8(11):82-83.

허북구. 2004. 수입업자인지 작가인지 색깔을 분명히 해야 플라워디자인계가 산다. 플라워저널 9(2):102-103.

허북구. 2004. 비평문화, 꽃 업계에도 도입과 활성화 시급하다. 플라워저널 9(3):104-105.

허북구. 2004. 심사는 공정해야 된다. 플라워저널 9(4):102-103.

허북구. 2004. 플라워디자인 경연대회와 공모전, 위상정립이 필요하다. 플라워저널 9(5):116-117.

허북구. 2004. 화훼장식기능사, 신중하게 접근해야 한다. 플라워저널 9(6):114-115.

허북구. 2004. 웰빙열풍과 화훼관련 단체의 역할. 플라워저널 9(7):94-95.

플로라

허북구. 2004. 영화로 만나는 원예치료 이야기; 가위손. 플로라 60:90-91.

허북구. 2004. 영화로 만나는 원예치료 이야기; 비밀의 화원. 플로라 61:80-82.

허북구. 2004. 영화로 만나는 원예치료 이야기; 라벤다. 플로라 62:84-86.

허북구. 2004. 영화로 만나는 원예치료 이야기; 4월의 유혹. 플로라 63:78-79.

허북구. 2004. 영화로 만나는 원예치료 이야기; 오! 그레이스. 플로라 64:76-77.

허북구. 2004. 영화로 만나는 원예치료 이야기; 하나비. 플로라 65:76-77.

허북구. 2004. 영화로 만나는 원예치료 이야기; 그린카드. 플로라 66:74-75.

허북구. 2004. 영화로 만나는 원예치료 이야기; 미스터플라워. 플로라 67:78-79.

허북구. 2005. 영화로 만나는 원예치료 이야기; 레옹. 플로라 73:84-85.

허북구. 2005. 영화로 만나는 원예치료 이야기; 나도 아내가 있었으면 좋겠다. 플로라 74:102-103.

허북구. 2005. 영화로 만나는 원예치료 이야기; 네 번의 결혼식과 한 번의 장례식. 플로라 75:118-119.

허북구. 2005. 영화로 만나는 원예치료 이야기; 남자가 사랑할 때. 플로라 76:98-99.

허북구. 2005. 영화로 만나는 원예치료 이야기; 자연의 아이들. 플로라 77:84-85.

허북구. 2005. 영화로 만나는 원예치료 이야기; 쓰리시즌. 플로라 78:100-101.

중앙경제평론사 재테크 시리즈

❶ 무역실무 아는 만큼 수출입 쉽게 할 수 있다

수출·수입의 핵심 포인트, 무역서류의
작성과 수속절차 해설! 인터넷 무역시대의
실전무역, 그림으로 알기 쉽게 설명!

기무라 마사하루 지음 | 권영구 편역 | 신국판 | 328쪽 | 12,900원

❶⑧ 소자본 창업 어떻게 할까요?

창업 기초설계, 자금계획, 아이템 개발,
입지선정, 점포 인테리어, 매출 올리는
마케팅, 창업행정·세무 등 수록.

최재희 지음 | 신국판 | 608쪽 | 18,000원

❾ 단돈 100만원만 있어도 창업할 수 있다

실전 창업의 달인이 들려주는
실업난과 불황시대를 뛰어넘는
소자본 창업 성공전략서!

정병태 지음 | 신국판 | 344쪽 | 13,900원

❶⑨ 당신도 무역을 할 수 있다

실무를 위한 무역실무, 수출입 실전사례,
초보자를 위한 어드바이스 등의 내용을
수록한 창업을 위한 무역 입문서.

이기찬 지음 | 신국판 | 304쪽 | 12,000원

❶⑤ 창업귀신이 되지 않으면 성공은 없다

창업준비에서 창업실무·경영실무까지
핵심을 짚어가며 구체적으로 소개한
소자본 점포창업 지침서.

박경환 지음 | 신국판 | 532쪽 | 14,500원

❷⓪ 프랜차이즈 알고 창업하면 성공한다 ❶ 업종편

프랜차이즈 창업, 돈 많이 벌 수 있는
아이템은 무엇인가 등 주요 프랜차
이즈 업종에 대한 완벽 가이드!

박원휴 지음 | 신국판 | 360쪽 | 13,000원

❶⑥ 오퍼상이나 해볼까?(최신 개정판)

프로 오퍼상의 생생한 현장 경험과
다양한 실전사례가 망라된
오퍼상 창업 실무지침서.

이기찬 지음 | 신국판 | 316쪽 | 12,000원

❷❶ 프랜차이즈 알고 창업하면 성공한다 ❷ 창업편

프랜차이즈의 장단점 및 인기 비결 등
전문가의 진단으로 예비 창업자를 위한
알찬 정보를 제공한다.

박원휴 지음 | 신국판 | 292쪽 | 12,000원

❶⑦ 돈버는 프랜차이즈 쉽게 배우기

프랜차이즈 시작 전 알아두어야 할
필수사항 소개 및 프랜차이즈의 효율적인
운영방법과 성공적인 마케팅 전략 제시.

이광종 지음 | 신국판 | 276쪽 | 10,000원

❷❷ 재개발·재건축 투자 어떻게 할까요?
(최신 개정판)

도급제, 비례율, 감정평가액 등 관련용어
에서부터 원리와 방법, 성공 노하우까지를
초보 투자자의 입장에서 짚어 보았다.

전철 지음 | 신국판 | 336쪽 | 15,000원

㉔ 상가 · 점포 투자 어떻게 할까요?

권리금 계산, 동종업종 금지행위 등 상가 · 점포에
관심있는 투자자들이 까다로워하는 사항들을
알기 쉽게 풀어서 설명한다.

전철 지음 | 신국판 | 256쪽 | 12,000원

㉘ 프랜차이즈 제대로 알면 당신도 CEO

프랜차이즈 사업계획, 본부설립, 가맹점 창업,
서비스 개발과 공급, 마케팅 활동,
유망업종 분석 등 프랜차이즈 사업의
전과정을 심도있게 분석 정리한 책이다.

이광종 · 박상익 지음 | 신국판 | 400쪽 | 15,000원

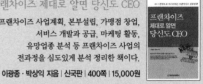

㉕ 오퍼상 어떻게 하나요?

무역 및 창업부문 스테디셀러 《오퍼상이나
해볼까?》의 저자 이기찬의 또 하나의 역작.
오퍼상 창업과 관련한 모든 궁금증을 119가지의
상담사례를 통해서 명쾌하게 풀이한 책이다.

이기찬 지음 | 신국판 | 332쪽 | 12,000원

㉙ 성공하는 쇼핑몰 창업 나도 할 수 있다

인터넷 쇼핑몰 창업에 관심있는 사람들을 위한
안내서로 이론보다는 현장에서 활용할 수 있는 실전
위주의 책이다. 저자만의 쇼핑몰 창업 노하우를
누구나 알기 쉽게 문답식으로 풀어썼다.

장종수 지음 | 신국판 | 292쪽 | 12,000원

㉖ 프랜차이즈 사업 당신도 쉽게 할 수 있다

10여 년간 현업에 종사하면서 실전경험을 쌓아온
저자가 프랜차이즈 예비창업자들이 최대의 실패의
위험을 줄이고 창업에 성공할 수 있는 방법을
11단계 과정별로 알기 쉽게 설명한 책이다.

서민교 지음 | 신국판 | 392쪽 | 15,000원

㉚ 펀드투자 아는 만큼 고수익 올린다

펀드의 정의, 유형, 투자방법을 단계별로 설명하며,
특히 시장상황이나 개인사정에 따라
적절히 투자할 수 있는 13가지 펀드에 대해
자세히 안내한다.

김재욱 · 염후권 지음 | 신국판 | 280쪽 | 12,000원

㉗ 실전 인터넷 무역 쉽게 배우기

인터넷 무역의 의미, 최근 흐름, 성공사례와 함께
인터넷 무역 절차에 따른 해외바이어 찾기,
거래제익, 거래조회, 신용조회, 오퍼, 주문 등
완전 실무중심으로 구성된 책이다.

염홍기 · 한혁 지음 | 신국판 | 372쪽 | 15,000원

㉛ 변액 유니버설보험 제대로 알면 성공한다

변액보험, 유니버설보험, 변액유니버설보험,
통합보험, 종신보험, CI보험, LTC보험 등
최근 각광받고 있는 주요 보험상품의
선택기술을 집중 소개.

김동범 지음 | 신국판 | 284쪽 | 12,000원

01. 무역실무 아는 만큼 수출입 쉽게 할 수 있다
02. 창업을 위한 무역교실 300문 300답
03. 한눈에 쏙쏙 쉽게 보는 주가차트
04. 프로투자자를 위한 주가분석 매매술
05. 초보자를 위한 주가차트 길라잡이
06. 알기 쉬운 뮤추얼펀드 입문
07. 초보자를 위한 샘플 무역영어
08. 초보자가 가장 알고 싶은 실전 부동산경매 입문
09. 단돈 100만원만 있어도 창업할 수 있다
10. 쉽게 배우는 실전 주가차트 입문
11. 쉽게 배우는 실전 옵션투자 입문
12. 성공투자를 위한 실전 기술적 분석 데이트레이딩
13. 급등주 발굴을 위한 세력가치분석
14. 정석 데이트레이딩을 위한 시간대매매 2% 성공 전략
15. 창업귀신이 되지 않으면 성공은 없다
16. 오퍼상이나 해볼까?(최신 개정판)
17. 돈버는 프랜차이즈 쉽게 배우기
18. 소자본 창업 어떻게 할까요?
19. 당신도 무역을 할 수 있다
20. 프랜차이즈 알고 창업하면 성공한다(① 업종편)
21. 프랜차이즈 알고 창업하면 성공한다(② 창업편)
22. 재개발 · 재건축 투자 어떻게 할까요?(최신 개정판)
23. 향기나는 창업 꽃집 꽃집!
24. 상가 · 점포 투자 어떻게 할까요?
25. 오퍼상 어떻게 하나요?
26. 프랜차이즈 사업 당신도 쉽게 할 수 있다
27. 실전 인터넷 무역 쉽게 배우기
28. 프랜차이즈 제대로 알면 당신도 CEO
29. 성공하는 쇼핑몰 창업 나도 할 수 있다
30. 펀드투자 아는 만큼 고수익 올린다
31. 변액 유니버설보험 제대로 알면 성공한다
32. 돈 잘버는 꽃집 만들기 100문 100답

중앙경제평론사 유통·마케팅 신서

한눈에 보는 한·일 소매유통 전쟁

한국과 일본, 양국 현대 소매유통업의
현황 파악 및 급변하는 글로벌 시대의 생존전략을
제시하는 소매유통업 지침서.

오세조·세키네 다카시 지음 | 신국판 | 416쪽 | 13,500원

실전 프랜차이즈 마케팅 전략

소비자 속으로!

국내 최정상 패스트푸드 프랜차이즈인 롯데리아와
맥도널드의 마케팅 전략을 비교·분석하여
프랜차이즈 마케팅 전략의 진수를 밝힌 책.

오세조·이철우 지음 | 신국판 | 312쪽 | 12,000원

손에 잡히는 유통·마케팅

유통·마케팅 용어의 의미와 유통구조를
테마별로 분류·정리하고 그림과 함께
알기 쉽게 설명한 유통실무 가이드.

오세조 편저 | 신국판 | 320쪽 | 12,000원

유통을 알면 당신도 CEO

유통혁신으로 경이적 성장을 한 7-Eleven의
성공비결을 심도 있게 분석, 유통혁신의
방향과 성공요건을 담은 유통실무 지침서.

오세조·신동빈 지음 | 신국판 | 284쪽 | 9,800원

미래를 바꾸는 ECR·SCM 경영혁명

ECR·SCM 경영혁명의 실태와 전망 및
P&G의 성공사례 등을 통해 구체적이고
성공적인 혁신방안을 제시한 경영지침서.

(사)한국유통연구원 ECR·SCM위원회 편저 | 신국판 | 244쪽 | 9,000원

네트워크 마케팅 쉽게 배우기

전통적인 네트워크 마케팅 방식에
대한 대안 및 성공으로 향하는 길을
개척하는 법을 제시한 책!

찰스 F. 아믹 지음 | 신국판 | 232쪽 | 8,000원

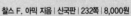

여성이 크게 성공하는 네트워크 비즈니스

지금 당신의 일로 꿈을 이룰 수 있는가?
만화로 쉽고 재미있게 그 비결을 배운다!
여성들을 위한 네트워크 마케팅 성공 지침서.

미야마 사토시 지음 | 신국판 | 208쪽 | 9,000원

돈 잘버는 네트워크비즈니스

세상에서 제일 근사한 사업

네트워크비즈니스 현장에서
바로 적용할 수 있는 실전 노하우를
체계적으로 정리한 책.

히라이 도시히로 외 지음 | 신국판 | 248쪽 | 12,000원

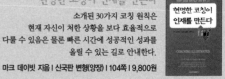